国家语委 2015 年度科研立项项目"山东地区户外标语调查研究"（YB125-159）基金资助,青岛职业技术学院基金资助

# 山东地区户外标语调查研究

丁安英　程永淳　著

中国海洋大学出版社

·青岛·

**图书在版编目(CIP)数据**

山东地区户外标语调查研究 / 丁安英,程永淳著.
—青岛:中国海洋大学出版社,2017.12
ISBN 978-7-5670-1655-2

Ⅰ.①山… Ⅱ.①丁…②程… Ⅲ.①群众文化—宣
传工作—研究—山东 Ⅳ.①G249.275.2

中国版本图书馆 CIP 数据核字(2017)第 319437 号

| | | | | | |
|---|---|---|---|---|---|
| **出版发行** | 中国海洋大学出版社 | | | | |
| **社　　址** | 青岛市香港东路 23 号 | | **邮政编码** | 266071 | |
| **出 版 人** | 杨立敏 | | | | |
| **网　　址** | http://www.ouc-press.com | | | | |
| **电子信箱** | cbsebs@ouc.edu.cn(选题投稿信箱) | | | | |
| **订购电话** | 0532—82032573(传真) | | | | |
| **责任编辑** | 郭周荣 | | **电　　话** | 0532—85902469 | |
| **印　　制** | 虎彩印艺股份有限公司 | | | | |
| **版　　次** | 2018 年 2 月第 1 版 | | | | |
| **印　　次** | 2018 年 2 月第 1 次印刷 | | | | |
| **成品尺寸** | 140 mm×203 mm | | | | |
| **印　　张** | 3.625 | | | | |
| **字　　数** | 165 千 | | | | |
| **印　　数** | 1—1000 | | | | |
| **定　　价** | 25.00 元 | | | | |

# 目　录

第一章　绪论 ……………………………………………… （1）
　一、概念界定 ……………………………………………… （1）
　　（一）对"标语"的界定 ………………………………… （1）
　　（二）对"户外标语"的理解 …………………………… （2）
　二、调查数据来源 ………………………………………… （3）
　三、写作背景及意义 ……………………………………… （3）
　四、研究的主要问题、重点和难点 ……………………… （4）
　　（一）研究的主要问题 ………………………………… （4）
　　（二）研究重点 ………………………………………… （6）
　　（三）研究难点 ………………………………………… （6）
　五、研究方法 ……………………………………………… （7）

第二章　山东地区户外标语呈现方式 …………………… （8）
　一、常见呈现方式 ………………………………………… （8）
　　（一）标语牌 …………………………………………… （8）
　　（二）实物承载 ………………………………………… （10）
　　（三）横（竖）幅 ……………………………………… （14）
　　（四）电子显示屏 ……………………………………… （16）
　　（五）招贴 ……………………………………………… （16）
　　（六）宣传栏 …………………………………………… （18）
　二、其他呈现方式 ………………………………………… （19）
　　（一）雕刻 ……………………………………………… （19）

（二）门型结构 ···················· （20）

（三）裸字 ························ （20）

（四）板报 ························ （21）

（五）手写 ························ （21）

（六）与人体有关的形式 ············ （22）

**第三章　山东地区户外标语语言特点** ········ （24）

一、语音方面 ······················ （24）

（一）音节使用数量 ················ （24）

（二）押韵 ························ （28）

（三）平仄变化 ···················· （30）

二、词汇方面 ······················ （32）

（一）词语的简省 ·················· （32）

（二）语体色彩的双重性 ············ （35）

三、语法方面 ······················ （36）

（一）句子结构方面 ················ （37）

（二）句类方面 ···················· （41）

**第四章　山东地区户外标语语用特点** ········ （44）

一、言语行为理论视角下的户外标语分析 ······ （44）

（一）奥斯汀、塞尔的言语行为理论简述 ······ （44）

（二）直接言语行为户外标语与间接言语行为户外

标语数量分布 ···················· （46）

（三）直接言语行为户外标语的语言结构特点 ··· （48）

（四）非规约性间接言语行为户外标语的使用策略

···················· （50）

二、语言顺应理论视角下的户外标语分析 ······ （57）

（一）语言顺应理论简述 …………………………（57）

（二）户外标语对语言语境的顺应 …………………（59）

（三）户外标语对交际语境的顺应 …………………（60）

第五章　山东地区不同城市户外标语异同比较 ………（66）

一、不同城市户外标语相似点………………………（66）

（一）户外标语紧跟国家政策形势 …………………（66）

（二）户外标语突出房地产业在经济领域的重要地位

…………………………………………………（71）

（三）户外标语反映人们对身体健康的重视 ………（72）

二、不同城市户外标语不同点………………………（73）

（一）户外标语体现出不同城市各自的文化特色 …（73）

（二）户外标语反映出不同城市独特的发展战略 …（75）

（三）户外标语折射出不同城市的典型词汇 ………（76）

（四）户外标语反映出不同城市特定领域的突出风格

…………………………………………………（77）

第六章　山东地区户外商业性标语与户外非商业性标语比较

…………………………………………………………（78）

一、户外商业性标语与户外非商业性标语语料数量比较

…………………………………………………………（78）

二、户外标语内容比较………………………………（80）

（一）户外商业性标语比户外非商业性标语更注重

特殊氛围的营造 …………………………………（80）

（二）户外商业性标语比户外非商业性标语更注重

突出优势 …………………………………………（82）

三、户外标语外在形式比较…………………………（85）

（一）句式选择方面 ……………………………… （85）

（二）标点符号及数字使用方面 ……………… （88）

**第七章　山东地区户外标语存在问题及对策分析** ………… （91）

　一、山东地区户外标语存在问题 ……………………… （91）

　　（一）内容方面的不足 ………………………… （91）

　　（二）形式方面的不足 ………………………… （96）

　二、针对户外标语存在问题所提出的对策 …………… （99）

　　（一）加强对语言文字功能的宣传力度 …………… （99）

　　（二）加强学校语言文字规范意识的教育 ………… （100）

　　（三）开展有关语言文字规范使用方面的活动 …… （100）

　　（四）完善有关户外标语使用的制度 ……………… （101）

**第八章　结语** ………………………………… （103）

**参考文献** …………………………………… （105）

**后记** ……………………………………… （108）

# 第一章 绪 论

## 一、概念界定

### (一)对"标语"的界定

所谓标语,指的是"用简短文字写出的有宣传鼓动作用的口号",①而口号则指的是"供口头呼喊的有纲领性的和鼓动作用的简短句子"。②

可以看出,标语的概念突出了"标语=口号",而口号这一概念突出了"供口头呼喊的",但二者都具有宣传鼓动作用以及句子简短的特点。分析已有的研究成果,主要分为两种观点:第一种观点是"标语"与"口号"可以并列使用,例如胡范铸研究的"户外标语口号"③、屈志凌的"标语口号的修辞研究"④等;第二种观点是这两个概念有一定的区别。例如张金茹认为"口号的宣传是比较能动的,而标语的宣传往往比较被动。在宣传时效方面,口号是短暂的,而标语是长期的。因为对于口号,人们可以根据时间和场景的不同而更新。但标语是需要先创作的,而且一旦创作完成,往往不会轻

---

① 中国社会科学院语言研究所词典编辑室编. 现代汉语词典(第 7 版). 北京:商务印书馆,2016:85.
② 中国社会科学院语言研究所词典编辑室编. 现代汉语词典(第 7 版). 北京:商务印书馆,2016:750.
③ 胡范铸. 中国户外标语口号研究的问题、目标与方法. 修辞学习,2004(6).
④ 屈志凌. 标语口号的修辞研究. 湖南师范大学,2007.

易变动。"①

综合各家之言,本书采用第二种观点,把"标语"与"口号"区分对待,研究重点是"户外标语"。

## (二)对"户外标语"的理解

胡范铸认为,户外标语口号是"以文字的、简短的、醒目的、句子化的形式、在户外发布的旨在让社会公众接受的言语行为"。②在此基础上,本书将户外标语定义为"以文字形式在户外发布的具有鼓动、宣传、推销等作用的简短句子"。

商业性标语作为户外标语的一种,实际上指的是狭义的广告。

户外标语不可能凭空出现,它总是依存于不同的载体,例如横幅、标语牌、候车亭、车体、墙体、灯箱、阅报栏、电子屏幕、电话亭、路牌、橱窗等,由此形成了不同载体形式的标语。

在户外标语的分类方面,胡范铸主要将其分为四类,分别是:政治性标语口号、公益性标语口号、商业性标语口号、个人性标语口号。他认为,政治性标语口号即宣传某种政治观念或政策措施的标语口号,有较强的时间性;公益性标语口号即宣传某种社会公德或行为准则的标语口号,有跨越时间的特点;商业性标语口号即宣传某种产品或服务以求牟利的标语口号;个人性标语口号即出于个人目的而又非牟利行为的标语口号。③

在参考这些研究成果的基础上,本书将户外标语分为户外商业性标语及户外非商业性标语两大类,其中户外非商业性标语包括政治性标语、公益性标语及个人性标语,由于政治性标语与个人性标语所占比例很少,因此,本书中户外非商业性标语的研究重点

---

①　张金茹. 生态环保标语研究. 哈尔滨师范大学,2013:8.

②　胡范铸. 中国户外标语口号研究的问题、目标与方法. 修辞学习,2004(6):26.

③　胡范铸. 中国户外标语口号研究的问题、目标与方法. 修辞学习,2004(6):26.

是户外公益性标语。

## 二、调查数据来源

本书所收集的户外标语语料来自山东省的十个城市,分别是济南、青岛、烟台、济宁、临沂、德州、威海、泰安、日照、菏泽,共收集语料约 5100 条。我们采用现场拍照的收集形式,使语料具有真实性、可信性。

## 三、写作背景及意义

当今,中国不仅是一个经济大国,同时也是一个户外标语大国。无论从历史纵深角度分析还是城市间横向的观察,户外标语都具有多重含义。从表面上看,标语似乎只是一种语言现象在社会语言中的反映,但事实上它又是社会心理的表征,是社会文化的反映,也是社会习尚与道德评价的体现。因此,对标语的研究不仅属于语言学的研究范畴,更涉及社会文化和个体、社会心理的研究。[①] 随着经济的发展及时代的变迁,户外标语在当今社会的作用愈发突出。

山东省位于中国东部沿海,黄河下游,下辖 17 个地级市。作为儒家思想的发源地,山东省不仅历史悠久,近几年经济也发展迅速,是中国经济最发达的省份之一。通过对山东地区十个城市户外标语的调查分析,可以了解山东省不同地区的语言使用状况、城市文化影响程度、经济发展状况及个体、社会心理等。由此,这一研究具有一定的现实意义,其所形成的十个城市户外标语语料库可为各地的语言文字行政部门提供有关户外标语的数据参考,加大对语言文字的监管力度,提高人们对户外标语的认知程度,提升

---

[①]　屠海波.汉语标语研究.黑龙江大学,2007:4.

对户外标语接受的有效性。

## 四、研究的主要问题、重点和难点

### (一)研究的主要问题

1.户外标语的呈现方式

户外标语都是依托一定的载体出现的。本部分主要分析户外标语的常见呈现方式及其他方式,多角度了解载体的多样性特点。

2.从语言本体角度分析户外标语特点

户外标语不管是否与商业性有关,很大程度上都要讲究语言的音韵和谐、音节匀称、平仄得当等特点。另外,在用词和语法方面也都有其独特的一面,以达到宣传、教育、推销等目的。以下主要从语音、词汇、语法三方面展开。

(1)语音方面

语音是语言的物质外壳,语音运用得恰当与否,关系到交际活动开展的质量高低。本书围绕山东地区不同城市的户外标语,对其音节使用数量、押韵及声调平仄变化等特点加以具体分析。

(2)词汇方面

户外标语由于使用的特定语境,在词汇使用方面具有自身特色。本书主要围绕词语的简省及语体色彩的双重性两个方面加以具体分析。

(3)语法方面

语法是语言三要素之一,是语言的组合法则,专指组成词、短语、句子等有意义的语言单位的规则。本书主要从句子结构及句类两个方面对户外标语的语法加以分析。

3.从语用角度分析户外标语特点

语用学是语言学的一门独立的新学科,源于哲学家对语言的研究。本书主要运用言语行为理论和语言顺应理论对户外标语进行分析研究。

（1）言语行为理论

言语行为理论产生于 20 世纪 30 年代，是人们对逻辑实证主义和语言意义的实证研究所作出的一种回应。主要代表人物是英国语言哲学家奥斯汀和美国语言哲学家塞尔。该理论认为，任何语言交际模式都涉及言语行为，语言交际的基本单位是言语行为。

胡范铸认为，户外标语也是一种言语行为。[①] 本书通过实地调研山东地区不同城市的户外标语，对其数量分布、语言结构特点及使用策略加以分析。

（2）语言顺应理论

语言顺应理论是由比利时国际语用学会秘书长维索尔伦在 20 世纪 80 年代开始酝酿，并在其 1999 年出版的新著《语用学理解》中提出的理论。维索尔伦认为，语言顺应论有四个研究角度，分别是顺应的语境因素、顺应的语言结构、顺应的动态机制和过程以及顺应过程的意识凸显程度。其中，顺应性的语境因素包括语言语境和交际语境。本书围绕山东地区不同城市的户外标语，重点论述顺应性的语境因素。

4.山东省不同地区户外标语异同比较

胡范铸等认为："国家形象的问题，不仅是政治性的、经济性的、传播性的，也是语言性的。"[②]以此类推，一个城市的形象也与其语言特色相关。

当前，山东地区不同城市经济发展水平不一，在文化、历史背景及地理环境等多方面也有各自的特色，这些特点也相应地折射

---

[①] 胡范铸.中国户外标语口号研究的问题、目标与方法.修辞学习,2004(6):29.

[②] 胡范铸,薛笙.作为修辞问题的国家形象传播.华东师范大学(哲学社会科学版),2010(6):35.

在语言方面。本部分重点对山东地区不同城市之间的户外标语异同加以分析比较。

5.户外商业性标语与户外非商业性标语异同比较

本书将户外标语分为户外商业性标语及户外非商业性标语两大类。户外商业性标语与经济相关,以牟利为目的;户外非商业性标语不直接受经济利益驱动。

户外非商业性标语包括政治性标语、公益性标语及个人性标语。其中,户外政治性标语与个人性标语所占比例很少,户外公益性标语占比例相对较多。

由于使用目的不同,户外商业性标语与户外非商业性标语在内容及外在形式等方面必然也存在着差异,对其进行比较,能够反映出不同种类的户外标语语言使用特色。

6.户外标语存在的主要问题及对策

语言文字的规范性同样适用于户外标语,本书对户外标语的内容及形式等方面的不足加以分析,在此基础上提出相应解决对策,旨在提高户外标语的整体应用水平,提升城市形象及地区形象。

## (二)研究重点

本书所研究的重点主要包括以下内容:

第一,从横向角度对山东地区户外标语的语言学分析。

第二,从语用角度对山东地区户外标语的分析。

第三,山东地区不同城市户外标语的比较分析。

第四,当前山东地区户外标语存在的主要问题及对策分析。

## (三)研究难点

本书所研究的难点主要包括以下内容:

1. 对山东地区不同城市户外标语的语料收集、整理

本书从山东不同地区抽取了十个代表城市进行语料收集,这一基础性工作任务繁重,需耐心完成。只有语料收集准确,随后的整理分析才有可能顺利进行,同时也确保了分析结果的有效性。

2. 对户外商业性标语与户外非商业性标语的比较

这一环节的工作需先对所收集的语料进行分析,按照统一标准区分哪些是户外商业性标语,哪些是户外非商业性标语,在此基础上对二者的内容及外在形式等方面加以分析比较,这一过程费时相对较长,有一定的难度。

## 五、研究方法

1. 田野调研法

本书的语料收集采用田野调研法,采用相机拍照、手机拍照等方式,对山东地区不同城市代表性区域的户外标语加以收集,获取真实的第一手语料,确保后续工作的有效开展。

2. 文献学习法

多方收集文献资料,并对所收集到的研究成果加以认真学习、讨论,借鉴其中的长处,为户外标语的研究提供理论参考。

3. 归纳分析法

在分析语料的基础上,对研究的重点内容加以归纳分析,以得出真实结论。

4. 比较法

本书涉及两项比较研究,一是对山东地区不同城市户外标语比较,二是山东地区户外商业性标语与户外非商业性标语比较。

# 第二章　山东地区户外标语呈现方式

## 一、常见呈现方式

户外标语都需要依托一个外在的载体来呈现,常见的标语载体有标语牌、实物承载、横(竖)幅、电子显示屏、招贴、宣传栏等,另外还有雕刻、门型结构、裸字等其他形式。以下分别举例说明。

### (一)标语牌

标语牌是一种专门制作的、用于长时间展示的标语发布载体,是收集到的户外标语中使用数量最多的一种。大到公共场所、交通要道的巨型标语牌,小到路边绿地中的超小型标语牌,处处可以见到它们的身影。[①] 标语牌呈现的具体形式有单独矗立(图 2-1)、墙体(图 2-2)、护栏(图 2-3)、大门(图 2-4)等。

1. 单独矗立(图 2-1)

**图 2-1**

---

① 吴杨辰子.沈阳市区户外标语可接受度状况调查分析.沈阳师范大学,2013:16.

2. 墙体(图 2-2)

**图 2-2**

3. 护栏(图 2-3)

**图 2-3**

4. 大门(图 2-4)

**图 2-4**

### (二)实物承载

所谓实物承载,即把户外标语与候车亭、垃圾箱、汽车、路牌等实际单独存在的物品联系在一起,例如:

1.公交候车亭(图 2-5)

**图 2-5**

2.垃圾箱(图 2-6)

**图 2-6**

3.车体

(1)公交车车头(图 2-7)

**图 2-7**

(2)公交车车身(图 2-8)

**图 2-8**

(3)公交车车尾(图 2-9)

**图 2-9**

（4）电动三轮车车身（图 2-10）

**图 2-10**

（5）卡车车身（图 2-11）

**图 2-11**

（6）家用轿车车身（图 2-12）

**图 2-12**

4.路牌(图 2-13)

**图 2-13**

5.路灯(图 2-14)

**图 2-14**

6.售货亭(图 2-15)

**图 2-15**

### (三)横(竖)幅

横(竖)幅是用布料制成的条幅,根据悬挂形式的不同分为横向和竖向两种。本书所收集到的语料以横幅形式居多。写在横幅上的户外标语都是依附于某个实物,其存在形式主要有以下几种。

1.挡车杆(图 2-16)

**图 2-16**

2.充气拱门(图 2-17)

**图 2-17**

3.物体之间(图 2-18)

**图 2-18**

4.墙体(图 2-19)

**图 2-19**

5.大门(图 2-20)

**图 2-20**

6.橱窗（图 2-21）

**图 2-21**

## （四）电子显示屏

电子显示屏是一种新兴的户外标语发布载体，以滚动的方式不间断地展示各种内容的标语。[①] 字体颜色多为红色等亮色，举例如下（图 2-22）。

**图 2-22**

## （五）招贴

招贴即把拟好的标语统一印刷在纸质画面上，再张贴在墙面、

---

① 吴杨辰子.沈阳市区户外标语可接受度状况调查分析.沈阳师范大学,2013:16.

橱窗等户外空间。① 招贴的具体呈现形式主要有：

1. 橱窗（图 2-23）

**图 2-23**

2. 台阶（图 2-24）

**图 2-24**

3. 大门（图 2-25）

**图 2-25**

---

① 吴杨辰子.沈阳市区户外标语可接受度状况调查分析.沈阳师范大学,2013:17.

4. 建筑工地挡板(图 2-26)

**图 2-26**

## (六)宣传栏

宣传栏多见于居民小区、企事业单位等受众相对固定的地方。例如：

1. 社区(图 2-27)

**图 2-27**

2. 学校(图 2-28)

**图 2-28**

## 二、其他呈现方式

### (一)雕刻

雕刻这一形式是把户外标语雕刻在不同石材上展示，可以平放，也可以竖放。例如：

1. 平放(图 2-29)

**图 2-29**

2. 竖放(图 2-30)

**图 2-30**

### (二)门型结构

门型结构即把户外标语以类似对联的形式呈现,多用于美食、餐饮及建筑工地,看起来很有中国特色,别具一格,举例如下(图 2-31)。

**图 2-31**

### (三)裸字

所谓裸字就是直接用金属、塑料等材料制作成一个个立体的汉字,以支架支撑,按序排列成一条完整的标语。① 这种形式的标语一般是放置在楼顶、楼前,也可以放在墙体等其他部位。例如:

1. 楼前(图 2-32)

**图 2-32**

---

① 吴杨辰子.沈阳市区户外标语可接受度状况调查分析.沈阳师范大学,2013:16.

2.墙体(图 2-33)

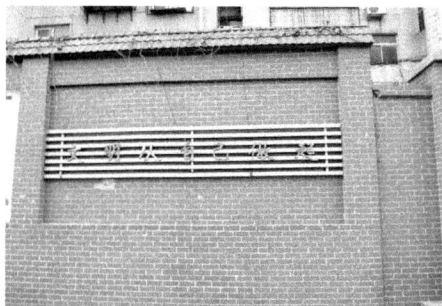

**图 2-33**

### (四)板报

板报即在黑板上使用各种字体制作标语,主要使用彩色粉笔或颜料书写,举例如下(图 2-34)。

**图 2-34**

### (五)手写

手写这一形式多用于"禁止"事项或其他一些告知事项,主要由个人所写,举例如下(图 2-35、图 2-36)。

图 2-35

图 2-36

## (六)与人体有关的形式

有的户外标语呈现形式直接与人体有关,显得非常独特,举例如下(图 2-37、图 2-38)。

图 2-37

**图 2-38**

　　图 2-37 是人举着标语牌进行展示，图 2-38 是将标语印制在衣服背面。这两种形式的共同特点除了与人有关之外，还具有很强的移动性。

# 第三章　山东地区户外标语语言特点

　　户外标语在我国语言生活中很常见，尤其是在城市的街头巷尾。借助这一语言形式，发布主体潜移默化地将价值观念、追求目标及所要推销或告知的信息传递给接受者，以完成特定的交际目的。因此，从传播的角度看，户外标语也是一种传播行为。

　　从语言本体角度看，任何的语言交际、语言传播都需借助于语音、词汇和语法完成。那么，山东地区十个城市的户外标语在语言本体方面都具有怎样的特点呢？本书从以下三个方面加以具体分析。

## 一、语音方面

　　本书对户外标语的语音分析主要从音节使用数量、押韵及平仄变化三个方面展开。

### (一)音节使用数量

　　所谓音节，是由音素构成的语音片段，是听话时自然感到的最小的语音单位。一般说来，汉语一个音节用一个汉字来表示。[①]以下是对山东地区济南、青岛、德州、济宁、临沂五个城市的户外标语音节数量统计，具体情况列表如下(表3-1)。

---

① 黄伯荣，廖序东. 现代汉语(上册，增订五版). 北京：高等教育出版社，2011：20-21.

### 表 3-1　山东地区五城市户外标语音节数量及所占比例统计

| 不同城市<br>户外标语<br>音节数 | 济南市户外标语音节数量(条)及所占比例(%)(共1087条) | 青岛市户外标语音节数量(条)及所占比例(%)(共701条) | 德州市户外标语音节数量(条)及所占比例(%)(共342条) | 济宁市户外标语音节数量(条)及所占比例(%)(共389条) | 临沂市户外标语音节数量(条)及所占比例(%)(共691条) | 合计(条/%) |
|---|---|---|---|---|---|---|
| 20音节(含20)以上 | 70(6.4) | 35(5.0) | 31(9.1) | 44(11.3) | 63(9.1) | 243(7.6) |
| 19音节 | 16(1.5) | 5(0.7) | 3(0.9) | 1(0.3) | 10(1.4) | 35(1.1) |
| 18音节 | 17(1.6) | 18(2.6) | 10(2.9) | 14(3.6) | 22(3.2) | 81(2.5) |
| 17音节 | 18(1.7) | 12(1.7) | 3(0.9) | 11(2.8) | 15(2.2) | 59(1.8) |
| 16音节 | 68(6.3) | 54(7.7) | 43(12.6) | 40(10.3) | 49(7.1) | 254(7.9) |
| 15音节 | 19(1.7) | 12(1.7) | 4(1.2) | 11(2.8) | 20(2.9) | 66(2.1) |
| 14音节 | 70(6.4) | 35(5.0) | 43(12.6) | 38(9.8) | 63(9.1) | 249(7.8) |
| 13音节 | 37(3.4) | 34(4.9) | 5(1.5) | 9(2.3) | 21(3.0) | 106(3.3) |
| 12音节 | 130(12.0) | 84(12.0) | 39(11.4) | 66(17.0) | 107(15.5) | 426(13.3) |
| 11音节 | 29(2.7) | 27(3.9) | 16(4.7) | 11(2.8) | 22(3.2) | 105(3.3) |
| 10音节 | 108(9.9) | 70(10.0) | 22(6.4) | 35(9.0) | 68(9.8) | 303(9.4) |
| 9音节 | 48(4.4) | 36(5.1) | 9(2.6) | 8(2.1) | 21(3.0) | 122(3.8) |
| 8音节 | 226(20.8) | 160(22.8) | 65(19.0) | 58(14.9) | 118(17.1) | 627(19.5) |
| 7音节 | 76(7.0) | 29(4.1) | 13(3.8) | 8(2.0) | 14(2.0) | 140(4.4) |
| 6音节 | 73(6.7) | 38(5.4) | 20(5.8) | 26(6.7) | 44(6.4) | 201(6.3) |
| 5音节 | 31(2.9) | 21(3.0) | 6(1.8) | 7(1.8) | 11(1.6) | 76(2.4) |
| 4音节 | 40(3.7) | 29(4.1) | 7(2.0) | 2(0.5) | 21(3.0) | 99(3.1) |
| 3音节(含3)以下 | 11(1.0) | 2(0.3) | 3(0.9) | 0(0) | 2(0.3) | 18(0.6) |

从表 3-1 可以看出,户外标语音节数排在前 5 位的分别是 8 音节、12 音节、10 音节、16 音节、14 音节,这些都是偶数音节。在具体城市中,这一情况又略有不同。例如济南的户外标语,音节数排在前 5 位的分别是 8 音节、12 音节、10 音节、14 音节、16 音节,而济宁的户外标语音节数排在前 5 位的分别是 12 音节、8 音节、16 音节、14 音节、10 音节。相比偶数音节标语的数量,奇数音节户外标语的数量较少。其中音节数量最少的标语是 3 音节,仅有 18 个,其次是 19 音节的户外标语,仅有 35 个。之所以会出现上述情况,主要原因包括以下三点:

1. 与人们对偶数的传统审美观有关

叶舒宪在《中国古代神秘数字》一书中认为,中国上古时期,人们认为奇数是高贵而神圣的,对奇数的喜爱要偏重于偶数。但在中古时期以后,受儒家的中庸和谐文化影响,人们逐渐开始喜欢"成双成对""均匀平衡"的偶数,这种转变一直持续到今天。[①] 例如在汉语成语中,"四平八稳、十全十美"等成语一直为人们所喜爱。究其原因,是因为偶数很容易与对称、和谐、整齐、安稳等审美观联系在一起。

值得注意的是,在这些偶数音节标语背后,又存在着"一分为二、两两相对"的现象。也就是说,在音节为 8、10、12、14、16 的户外标语内部,2 个 4 音节、5 音节、6 音节、7 音节、8 音节的结构占多数,其中尤以 8 音节的标语最为明显。以所收集到的济南标语为例,在 226 个 8 音节标语当中,由 2 个 4 音节词组构成的 8 音节标语有 164 个,占 72.6%,例如"车辆慢行 注意安全""水深危险请勿靠近""文明城市 和谐家园""告别陋习 讲究卫生""助人为乐人间大美"等;其次是 14 音节的标语,共有 70 个,其中由 2 个 7 音

---

① 代颖颖. 汉语数字吉祥语研究. 扬州大学,2011:25.

节构成的标语有 50 个,占 71.4%,如"只言片语显修养 小事细节
讲文明""美丽济南我的家 文明交通靠大家"等;16 音节的标语
共有 68 个,其中由 2 个 8 音节构成的标语有 41 个,占 60.3%,
例如"军民融合共谋发展 携手共建首善之区""事事处处营造和
谐 点点滴滴展示文明"等;12 音节的标语共有 130 个,其中由 2
个 6 音节构成的标语有 75 个,占 57.7%,例如"慢行交通空间
神圣不可侵犯""提高环保意识 建设美好家园"等;最后是 10 音
节的标语,共有 108 个,由 2 个 5 音节构成的标语有 57 个,占
52.3%,例如"天天有惊喜 购物就优惠""莲因洁而尊 人因廉而
正"等。

　　由此看来,户外标语中"偶数为先"的现象不仅存在于整体标
语当中,在标语内部,也以"两两相对"的标语为主,这种由外到内
都注重偶数的标语,读起来让人感觉对称和谐,朗朗上口。

　　2.偶数音节相互映衬,显示出更强的宣传力度

　　凡是将文字呈现在外面供众人阅读的,都是发布主体认为相
对重要的、有必要的、希望引起人们重视的内容。因此,无论户外
标语所达到的实际接受效果如何,都存在着一种可以转换成口号
的可能性,达到使人振臂高呼的宣传力度,而偶数音节的户外标语
由于可以在音节上相互映衬,因此体现出的宣传力度更强一些。

　　例如 8 音节标语"当心坠落 注意安全""禁止攀爬 后果自负"
"护鸟光荣 打鸟可耻""中华崛起 民族复兴"(青岛)及 12 音节标语
"生命至高无上 安全责任为天""创建文明城市 建设美好家园"(济
宁)等,这些标语读起来能让人感到一种强烈的责任意识。

　　3.户外标语的音节数与其存在空间有关

　　尽管研究表明,根据记忆心理学测试,人一眼望过去能数出的
数目数一般是 6~7 个,多的能数出 10 个左右,因而简约的标语不

宜超过 10 个字。① 但是从所收集的当代户外标语语料中可以看出,户外标语的音节呈现出 8~16 音节居多的现象,超过 20 个音节(含 20 音节)的标语也占有一定比例。这一现象表明户外标语的音节数与其存在空间有关。

与商铺店名或是室内标语相比较,户外标语的存在空间更为广阔,尤其是矗立在半空的标语牌,四周一般没有可以比较的对象。这种情况下,标语牌上的音节数量会相应地增加,以此展现更多内容,更好地将发布主体的意图公布于世。例如"社会主义核心价值观 富贵 民主 文明 和谐 自由 平等 公正 法治 爱国 敬业 诚信 友善""全年买空调 三月价更低 买早了后悔 错过了价高 美的空调火三月""让学习成为一种需要 一种时尚 一种追求 一种信仰 一种能力"(德州)。这三条标语中,第一条是公益性标语,后两条则是商业性标语,均超过了 21 个音节。可见,不管是公益性标语还是商业性标语,由于其存在空间相对广阔,因此在音节数量的设置方面也别有特色。

### (二)押韵

中国是一个诗的国度,古代诗歌尤讲究押韵。到了现代,人们在日常写作中虽不是很注重押韵了,但在户外标语中,由于它特定的宣传、导向、推销等作用,加上句子相对简短,依然比较重视押韵的使用。

这里所分析的户外标语押韵,主要指句中的末字押韵。这种现象在山东地区不同城市的户外标语中都有或多或少的体现,举例如下:

①文山圣水写文明 凝心聚力共践行(济南)

---

① 屈志凌. 标语口号的修辞研究. 湖南师范大学,2007:19.

②文明游天下 快乐你我他（济南）

③宁绕百步远 不抢一步险（济南）

④运动休闲 畅想自然（青岛）

⑤民以食为天 食以安为先（烟台）

⑥健康文明你我他 卫生城市靠大家（烟台）

⑦排队等候不喧哗 文明举止人人夸（烟台）

⑧百闻不如一见 百见不如一练（济宁）

⑨同在一片蓝天下 环境卫生靠大家（济宁）

⑩讲究公共卫生 倡树文明新风（临沂）

⑪建设生态文明 改善生态环境（临沂）

⑫火灾面前莫惊慌 报警逃生两不忘（德州）

⑬人人爱花草 环境更美好（威海）

⑭全民消防 生命至上（威海）

⑮关注食品安全 构建和谐家园（泰安）

⑯盘内一分钟 厨房多少功（泰安）

⑰干干净净好环境 快快乐乐好心情（日照）

⑱垃圾不落地 城市更美丽（日照）

⑲我为创城添砖瓦 文明惠及你我他（日照）

⑳行车走路讲安全 千家万户想团圆（菏泽）

㉑系好安全带 生命难伤害（菏泽）

㉒文明无处不在 生活格外精彩（菏泽）

㉓啥事不干 就赚 4 万（青岛）

㉔自由港湾 永远红盘（青岛）

㉕齐心齐行 共商共赢（济宁）

㉖网速太快 要系好安全带（临沂）

㉗世界很疯狂 只敢买现房（德州）

㉘保持引擎洁净 助你顺畅前行（德州）

㉙因为有京东 生活更轻松(威海)

㉚拥有凯能 温暖一生(泰安)

上述句子中,属于户外非商业性标语的有 22 条(例①～例㉒),属于户外商业性标语的有 8 条(例㉓～例㉚)。可见,户外非商业性标语中的押韵更为常见一些。

户外标语中末字采用押韵,重复的韵母能给人带来一种乐感,读来流畅自然,加深印象,更具吸引力。同时我们也发现,这种押韵现象在山东地区不同城市中的出现频率并不是太高,这说明押韵是对语音水平更高一级的要求,而发布主体对户外标语这方面的基本要求是表意清楚,因此,多数标语只停留在基本层面上,而不是刻意追求每条标语都用押韵这一形式展现。

## (三)平仄变化

古代诗词讲究平仄变化。"平"就是古代四声"平上去入"中的平声,"仄"就是其中上、去、入三声的总称,是不平的意思。在普通话中,古入声已经消失了,但还有曲折的上声和高降的去声,它们属于仄声;阴平、阳平属于平声。这或者可以视为现代汉语的平仄。[①]

户外标语是书面语言,但这不妨碍接受者的诵读,平仄相间在户外标语中是时常能看到的。以所收集的济南市共计 1087 条户外标语为例,平仄没有变化的仅有下面 11 例,占济南标语总数的 1.0%。例如:

㉛和谐(济南)　　　　　　　 — —

㉜天天开薪(济南)　　　　　 — — — —

㉝断码处理(济南)　　　　　 丨丨丨丨

㉞不解释!(济南)　　　　　 丨丨丨

---

① 黄伯荣,廖序东.现代汉语(上册,增订五版).北京:高等教育出版社,2011:69.

㉟有面子！（济南）　｜｜｜

㊱哎 我去！（济南）　｜｜｜

㊲超牛哒（济南）　———

㊳第 2 份半价（济南）　｜｜｜｜｜

㊴免费染发（济南）　｜｜｜｜

㊵爱你——爆肚（济南）　｜｜｜｜

㊶禁止踩踏　｜｜｜｜

（注："—"代表平声，"｜"代表仄声，下同。）

上述平仄不相间的标语的共同特点是音节数量少，几个声调相同或相近的音节恰巧排在一起，没有更多平仄相间的机会。当然，也有音节很少的标语由于选用了平仄相间的汉字，营造出一种抑扬顿挫的节奏美，举例如下：

㊷禁止吸烟（青岛）　｜｜——

㊸一站购齐（青岛）　—｜｜—

㊹自由（菏泽）　｜—

㊺慈母恩情（日照）　—｜——

㊻当心触电（日照）　——｜｜

㊼大德中国（日照）　｜———

㊽团结奋进（泰安）　——｜｜

㊾善气迎人（泰安）　｜｜——

㊿难得有空（德州）　——｜｜

(51)停车收费！（烟台）　———｜

上述 10 例都属于音节在 5 音节以下、却运用了平仄相间的户外标语。至于 5 音节以上的户外标语，由于音节数量多，能够创设更多平仄相间的机会，因此平仄搭配的现象非常普遍，例如"推广无烟烧烤 共建美好家园（济宁）"，这条标语共 12 音节，其平仄变化分别是：平仄平平平仄　仄仄仄仄平平，读起来节奏感更强，容易给人留下深刻印象。

通过对山东地区不同城市户外标语的语音分析，可以得出以下结论：在音节使用数量上，户外标语经常选用偶数音节，尤以 8 音节、12 音节、10 音节的居多，这与人们对偶数的传统审美观及户外标语的使用空间有关；同时，户外标语也注重使用押韵，特别是户外非商业性标语使用更多一些；在平仄使用方面，户外标语的平仄变化明显，其中以 5 音节以上的户外标语使用最为频繁。

## 二、词汇方面

当前，户外标语以其特定的形式影响着人们的价值观及消费观，体现在词汇方面，主要特色是词语的简省（使用缩略语、词语替代）和语体色彩的双重性（书面语色彩与口语色彩），具体分析如下。

### (一)词语的简省

户外标语词语的简省主要体现在使用缩略语和词语替代两种形式上。

#### 1.缩略语的使用

缩略语指语言中经过压缩和简略的词语。为了用语的经济而对某些事物称谓中的成分进行有规律的节缩或省略，所形成的语言就是缩略语。[①] 户外标语为了表现用词的简洁或是篇幅的限制，经常选用这种形式。

户外标语中的缩略语多与城市当前文明建设、卫生状况、食品安全、德育宣传等方面的工作有关，产生了诸如"创城"（创建文明城市）、"创卫"（创建卫生城市）、"食安"（食品安全）、"四德"（仁德、孝德、诚德、爱德）等缩略语，这些缩略语在山东地区十城市里的分

---

① 屈志凌.标语口号的修辞研究.湖南师范大学,2007:20.

布特点并不相同,但都显示出鲜明的时代特色。

从所收集的语料来看,带有"创城"这一缩略语的户外标语在日照出现的次数最多,共计 6 处,其次是济南、菏泽(各 2 处);带有"创卫"这一缩略语的户外标语在临沂出现最多,共计 10 处,其次是青岛(8 处)、济宁(7 处)、济南(5 处)、德州(4 处);带有"食安"这一缩略语的户外标语在烟台出现了 3 处,在济南和青岛各出现了 1 处;带有"四德"这一缩略语的户外标语在济南出现了 6 处,在临沂出现了 4 处,在青岛、威海各出现了 1 处。举例如下:

"创城":

①文明连着你我他 创城造福千万家(济南)

②我为创城添砖瓦 文明惠及你我他(日照)

③创城让城市更美好(日照)

④大家努力创城 你我传递文明(菏泽)

⑤创城不分你我他 人人都是主人翁(菏泽)

"创卫":

⑥一言一行彰显文明风范 一点一滴凝聚创卫真情(济南)

⑦创卫成果需巩固 美丽环境靠大家(青岛)

⑧创卫工作人人参与 美好环境家家受益(济宁)

⑨美好生活靠我们创造 创卫目标靠大家实现(临沂)

⑩人人参与创卫 个个为创卫出力(德州)

"食安":

⑪创建食安城市 共建美好家园(烟台)

⑫争创食安城市 争当健康市民(烟台)

⑬创建食安城市 提升城市品位(济南)

"四德":

⑭实施"四德工程" 建设和谐首善历下(济南)

⑮树立"四德"新风 弘扬社会正气(临沂)

2.词语替代

在户外标语中,词语替代主要表现在两个方面:一是同义词替代,二是符号替代。

(1)同义词替代

同义词替代在户外标语中虽然不占多数,但却以其简洁明了的字眼给人们留下深刻印象,例如:

⑯酒后不驾车 莫让醉人成罪人(青岛)

⑰创卫生城市 建文明临沂(临沂)

⑱汇四海商家 聚天下财源(临沂)

⑲居瞰海高层 享墅质生活(青岛)

⑳"让"获平安 "抢"出祸端(临沂)

上面 5 例户外标语,例⑯的"不"与"莫"都替代了"不要"一词;例⑰的"创"与"建"都替代了"创建"一词;例⑱的"汇"与"聚"都替代了"汇集"或"聚集"一词;例⑲的"居"与"享"分别替代了"居住""享受";例⑳的"获"替代了"获得","出"替代了"生出"。这些替代形式有的是对同一个词语的替代(例⑯、⑰、⑱),有的是分别替代不同的词语(例⑲、⑳)。不管采用哪种形式,替代后的标语都显得节奏感强,易于识记。

(2)符号替代

符号种类繁多,包括语言符号、标点符号、数字符号、交通符号等多种形式。即在户外标语的标点符号使用中,使用频率最高的是感叹号,例如:

㉑打造眼镜冰点价格,一副眼镜也批发!(临沂)

㉒雅思考试与海外留学 寒假 不错过!(济南)

㉓这里不只有串,还有一群年轻人的梦想!(青岛)

㉔危险! 请勿靠近(济宁)

㉕众泰汽车落户临沂 投资 100 亿建厂 您还再犹豫什么！（临沂）

㉖找工作，上赶集网招聘节！（烟台）

上面 6 例都运用了感叹号，分别替代不同的语气词。例㉑～㉓的感叹号都替代了"啊"这一语气词，表示的意思分别是：这家眼镜批发店竟然连一副眼镜也批发啊！这样的好机会可不要错过啊！到这家店吃饭还能激年轻时的人梦想啊！例㉔的感叹号替代了"哪"这一语气词，意思是这里危险哪！不能靠近。例㉕的感叹号替代"呢"一词，指的是既然这种汽车都即将在临沂建厂了，您还再犹豫什么呢？例㉖的感叹号替代了"吧"这一语气词，意思是赶紧到赶集网招聘节找工作吧！

**（二）语体色彩的双重性**

词汇意义可分为概念义和色彩义。概念义是词汇中的主要部分，另外，词还有附属于概念义的色彩义，也可称作附属义。词的色彩义主要分为感情色彩、语体色彩、形象色彩三种。其中，语体色彩又主要包括书面语色彩与口语色彩两个方面。[①] 以下主要从语体色彩分析山东地区不同城市的户外标语。

从所收集的语料中可以看出，户外标语的语体色彩呈现双重性，即书面语与口语色彩兼有。

1.体现书面语色彩的户外标语

㉗花草有情 踏之何忍（济宁）

㉘小草依依 踏之可惜（青岛）

㉙踏破青毡可惜 多行数步无妨（青岛）

㉚小草亦有生命 感君足下留情（青岛）

---

① 黄伯荣，廖序东. 现代汉语（上册）. 北京：高等教育出版社，2011：219-221.

㉛片片爱草心 点点护绿情（青岛）

㉜手边留情花似锦 脚下留青草如茵（青岛）

上面 6 例，均突出了"爱护小草"的主题，但在具体展示时，分别用了"何忍""依依""青毡""无妨""亦""足下""片片""点点""花似锦""草如茵"等词，加重了这些标语的书面语色彩。

2. 体现口语色彩的户外标语

㉝欢动世界 不许不开心！（青岛）

㉞不要着急，红灯亮了歇口气（临沂）

㉟中国日子呱呱叫（济南）

㊱不干了（济南）

㊲该给孩子喝酸奶了！添加奶酪的酸奶！（日照）

㊳为了爱！别开快！（德州）

上面 6 例，分别用了"不许""歇口气""呱呱叫""不干了""该……""别开快"等口语色彩浓厚的词语，令人感到非常亲切。

综上所述，作为一种有着独特功用的语言形式，户外标语在词汇使用方面也具有自身特色，词语的简省及语体色彩的双重性从另一角度为户外标语的使用增加了新鲜感及灵活性。

## 三、语法方面

语法是语言的三要素之一，是语言单位的结构规律。[①] 语法单位主要由四级构成：语素、词、短语、句子。[②] 基于此，那么户外标语属于哪一层级？胡范铸认为，"户外标语口号"即"以文字的、简短的、醒目的、句子化的形式、在户外发布的旨在让社会公众接

---

① 黄伯荣，廖序东. 现代汉语（下册，增订五版）. 北京：高等教育出版社，2011：1.

② 黄伯荣，廖序东. 现代汉语（下册，增订五版）. 北京：高等教育出版社，2011：4.

受的言语行为"。① 从这一观点可以看出,户外标语属于句子层面,但句子一般应具备一个句调,②而户外标语由于其特定的使用语境,多数情况下不明确标注标点符号,因此,有观点认为,标语属于一种可以不加标点符号的句子。③ 以下主要围绕句子结构及句类两个方面对其加以分析。

### (一)句子结构方面

根据内部结构的不同,句子可分为单句和复句。单句是由短语或词充当的、有特定的语调、能独立表达一定的意思的语言单位。④ 复句则是由两个或两个以上意义上相关、结构上互不作句法成分的分句加上贯通全句的句调构成的。⑤ 基于此,在对青岛、德州等不同城市的户外标语进行分析时,重点对单句的"独立表达一定的意思"及复句的"两个或两个以上意义上相关、结构上互不作句法成分"进行区分,数据分析情况见表3-2。

表3-2　山东地区户外标语单句、复句使用情况

| 单句、复句使用情况　城市 | 所收集的户外标语总数(条) | 单句使用及所占比例(%) | 复句使用及所占比例(%) | 备注(既非单句,也非复句) |
|---|---|---|---|---|
| 青岛 | 701 | 217(30.96) | 483(68.90) | 有1条是词语组合 |
| 德州 | 342 | 74(21.63) | 263(76.9) | 有4条是词语组合,1条是短语 |

---

① 胡范铸.中国户外标语口号研究的问题、目标与方法.修辞学习,2004(6):26.
② 黄伯荣,廖序东.现代汉语(下册,增订五版).北京:高等教育出版社,2011:4.
③ 张萍.现代汉语标语语法研究.南京师范大学,2006:9.
④ 黄伯荣,廖序东.现代汉语(下册,增订五版).北京:高等教育出版社,2011:86.
⑤ 黄伯荣,廖序东.现代汉语(下册,增订五版).北京:高等教育出版社,2011:127.

（续表）

| 城市 \ 单句、复句使用情况 | 所收集的户外标语总数（条） | 单句使用及所占比例（%） | 复句使用及所占比例（%） | 备注（既非单句，也非复句） |
|---|---|---|---|---|
| 菏泽 | 333 | 36(10.81) | 293(87.99) | 有 4 条是词语组合 |
| 泰安 | 494 | 140(28.34) | 353(71.46) | 有 1 处是词语组合 |
| 威海 | 335 | 72(21.49) | 261(77.91) | 有 2 处是词语组合 |
| 合计 | 2205 | 539(24.44) | 1653(74.97) | 共 13 条既非单句也非复句 |

　　从表 3-2 中可以看出：在句子结构上，青岛、德州等五个城市户外标语的复句数量都明显多于单句，复句、单句所占比例分别为 74.97%、24.44%，可见复句在户外标语中使用的频率之高。

　　为什么会出现这一现象？本书认为主要原因如下：

　　1. 复句的对称效果为人们所欣赏

　　户外标语的很多复句采用了对称句式，这样的形式给人一种匀称、鲜明、易于诵读的感觉，因此为人们所喜爱，例如"创卫成果需巩固 美丽环境靠大家（青岛）""好水一百年 好家一辈子（青岛）""俭以养德 吉庆有余（德州）""种地多辛苦 节粮理应当（德州）""发生事故休推责 确保安全是准则（菏泽）""开车不喝酒 酒后不开车（菏泽）""民以食为天 食以安为先（泰安）""扎根社区 服务群众 打防并举 确保稳定（泰安）""绕行三五步 留得芳草绿（威海）""携手一线名师 助力成绩提升（威海）"等。

　　2. 复句比单句传递更多信息

　　复句的各个分句之间蕴含着并列、转折、假设、条件、因果等多种关系,这些关系多数情况下并没有明确写出,而是通过意合的方法联系起来,给人一种言简意赅的感觉。下面对这几类关系举例说明。

第一:并列关系

①保护生态环境　造就秀美山川(济南)

②红瓦绿树　碧海蓝天(青岛)

③人人参与文明创建　个个争当美德标兵(青岛)

上面3例户外标语都可用关联词"一方面……,另一方面……"来连接,构成并列关系。例①指的是"一方面保护生态环境,另一方面造就秀美山川";例②是一条耳熟能详的评价青岛景色的户外标语,指的是该市的景色"一方面是红瓦绿树,另一方面是碧海蓝天",仅凭标语文字就能引发接受者对该市景色的向往之情;例③指的是"一方面人人要参与文明创建,另一方面人人要争当美德标兵"。

第二:转折关系

④红灯很短暂　人生却漫长(济南)

⑤经历再多　不如懂你(济南)

⑥人类一把火　森林满眼泪(青岛)

上面3例户外标语都构成了转折关系,含有"尽管……,却……"之意。例④的意思是"尽管红灯很短,但也不能去闯,人生漫长,需要等待";例⑤这条标语用于济南市第一家可以俯瞰泉城夜色的露天酒吧餐厅,运用转折关系将餐厅经营者与顾客结合在一起,意思是"尽管我们经历了很多事情,但最重要的是懂你",体现出对客户的尊敬与理解之情;例⑥的意思是"尽管人类只是放了不起眼的一把火,但却能毁掉一片森林,带来严重损失"。

第三:假设关系

⑦没看过海底世界　别说你到过青岛(青岛)

⑧你消费 我买单（青岛）

⑨人车互礼让 安全又通畅（日照）

上述 3 例户外标语都是假设关系，每条标语中的第一小句是偏句，提出假设，第二小句是正句，假设实现后所产生的结果，可以用"假如……，就……"来连接。例⑦是青岛海底世界的户外标语，运用假设关系，宣传"如果你没去青岛海底世界游玩的话，那就不要说你到过青岛"之意，将"是否到过青岛"与"是否去游玩过海底世界"相关联，由此产生了较好的影响力和号召力；例⑧是一则户外商业性标语，表明"假如你来这里消费，我就买单"，至于"我怎么买单、买单的范围"，那就属于商家的营销技巧了；例⑨指的是"假如行人与车辆互相礼让，那么交通状况就会非常通畅"，该条标语发挥了正面宣传功能。

第四：条件关系

⑩过好日子 惟有勤劳（青岛）

⑪有德人 心光明（青岛）

⑫肠动动，身体不堵车（青岛）

上述 3 例户外标语都构成了条件关系，含有"只要……，就……"之意。例⑩的偏句在第二句，所阐述的价值观是"只要勤劳，就能过上好日子"；例⑪、⑫的偏句在第一句，传递出"只要是有高尚品德的人，心灵一定是光明的"及"只要多运动，身体就一定会保持健康的"的含义，具有明确的指导效应。

第五：因果关系

⑬地铁施工 禁止通行（青岛）

⑭迎新春，大甩卖！！（青岛）

⑮小草有生命 请君足留情（济宁）

这 3 例构成了因果关系，表示"因为……，所以……"。例⑬表明"因为地铁施工，所以禁止通行"；例⑭是一则商业性标语，说明商家进行大甩卖的原因是"因为迎接新春";例⑮表达出"因为小草也有生命,所以我们要予以爱护"。与此相似的还有"合同到期 全场超低价甩卖(青岛)"等标语。

### (二)句类方面

句子都由语气和语调构成。句子根据语气可以分为四种类型,即陈述句、疑问句、祈使句和感叹句。① 户外标语作为一种相对简短的句子,也可根据语气分为陈述式、疑问式、祈使式、感叹式四类标语。通过对所收集到的语料进行分析,我们发现陈述式标语使用最多,其次是感叹式、祈使式标语,疑问式标语使用最少,举例如下:

1. 陈述式标语

⑯全民参与城环卫一体化活动(青岛)

⑰辛勤得来好日子(德州)

⑱有国才有家(德州)

⑲生命在于运动(泰安)

⑳防空防灾为人民(菏泽)

㉑为学生的终身发展奠基(济南)

㉒珍爱和平(济南)

㉓济南公交 为您服务(济南)

㉔男科手术是我们的专长(济南)

㉕宝龙广场就是莱山中心(烟台)

陈述句是用来陈述事实的,它是思维最一般的表现形式,也是使用最广泛的句式,② 在户外标语中也不例外。陈述式标语契合

① 黄伯荣,廖序东. 现代汉语(下册,增订五版).北京:高等教育出版社,2011:99.
② 黄伯荣,廖序东. 现代汉语(下册,增订五版).北京:高等教育出版社,2011:100.

了标语的宣传、鼓动特点,因而使用最多。

### 2. 感叹式标语

㉖不露面,谁知道你!（泰安）

㉗实惠放肆刷!（泰安）

㉘不是现房不买房!（泰安）

㉙拒绝舌尖上的浪费,从我做起!（威海）

㉚雪天路滑! 小心摔倒!（威海）

㉛壹媒介,无处不在!（济南）

㉜欢迎乘坐出租车!（济南）

㉝免长途漫游费啦!（济南）

感叹式标语的外在形式标志是感叹号的使用。在分析语料的过程中,可以看出当前户外标语中感叹号的使用数量呈现上升趋势,这与感叹句中隐含的情感有关。例如:例㉖所展示出来的可惜意味、例㉗、㉘所表现出来的痛快之情、例㉙所表现出来的决心、例㉚所体现出来的担心之情、例㉛所流露出来的一种豪情、例㉜所表现出来的热情、例㉝所表现出来的快乐之情等,这些标语中蕴含的不同情感都是普通人非常熟悉的,即使出现在不同城市不同场合,也很容易为人们所接受。

### 3. 祈使式标语

㉞请勿攀越（济南）

㉟请不要将饭菜带入楼内（泰安）

㊱请不要用同一密码（泰安）

㊲请珍惜每一滴水（泰安）

㊳请注意保持环境整洁（泰安）

㊴禁止露天烧烤（菏泽）

㊵禁止吸烟 爱护花草（威海）

祈使式标语主要是借助"请""禁止"等词语表示要求对方做某

事或者不去做某事的意图，一般而言，用"请"的标语给人一种有礼貌、口气缓和的感受，而用"禁止"的标语则比较强硬，带有一种命令感。从所收集的语料看，当前使用"请"的标语数量远远超出使用"禁止"的标语数量，这也从另一方面说明社会的文明程度正在逐步提高。

4. 疑问式标语

㊶装修，您还等什么？（菏泽）

㊷您不想在"这里"说点什么吗？（泰安）

㊸如画美景　试问谁不想拥有？（泰安）

㊹如果失去健康　即使赢得了世界又如何？（威海）

疑问式标语的外在形式标志是问号的使用。从所收集的语料看，户外标语使用疑问式的标语较少。另外，这些疑问式标语所反映出的语气大都是反问、催促之意。例如上述 4 例的发布主体分别是装修公司、传媒公司、房地产公司、养生店，它们所传递的含义分别是"赶紧找我们公司装修""赶快找我们做广告""赶紧买我们的房子""赶紧来我们店养生"。借助这一反问，疑问式标语又增加了一种紧迫感。

户外标语中不同语气的使用，丰富了表现形式，增强了吸引力，也展示出户外标语的多样化特点。

# 第四章 山东地区户外标语语用特点

从历史发展的角度看,语用学是语言学的一个新领域。它研究在特定情景中的特定话语,特别是研究在不同的语言交际环境下如何理解语言和运用语言。[①] 语用学理论主要包括合作原则、言语行为理论、预设理论、关联理论、语言顺应理论、礼貌理论等,本部分主要从言语行为理论和语言顺应理论入手,对山东地区户外标语的语用特点加以分析。

## 一、言语行为理论视角下的户外标语分析

言语行为理论产生于 20 世纪 30 年代,是人们对逻辑实证主义和语言意义的实证研究所作出的一种回应。[②] 主要代表人物是英国语言哲学家奥斯汀和美国语言哲学家塞尔。该理论认为,任何语言交际模式都涉及言语行为,语言交际的基本单位是言语行为。[③] 本书主要围绕直接言语行为户外标语与间接言语行为户外标语数量分布、直接言语行为户外标语的语言结构特点及非规约性间接言语行为户外标语的使用策略等方面加以分析。

### (一)奥斯汀、塞尔的言语行为理论简述

1.奥斯汀的言语行为理论

奥斯汀的主要贡献是提出了言语行为三分说,他将一个完整

---

① 何自然,冉永平.语用学概论(修订本).长沙:湖南教育出版社,2002:1.

② 何自然,冉永平.语用学概论(修订本).长沙:湖南教育出版社,2002:170.

③ 何自然,冉永平.语用学概论(修订本).长沙:湖南教育出版社,2002:171.

的言语行为切分出三种行为：以言指事、以言行事、以言成事。奥斯汀将重点放在了以言行事上，甚至以言行事行为后来成了言语行为的代名词。[①]

奥斯汀首先将以言行事行为分为五类，分别是裁决类，如估计、宣告；行使类，如命令、禁止；承诺类，如答应、保证；表述类，如描述、肯定；行动类，如感谢、欢迎等。[②]

2. 塞尔的言语行为理论

（1）塞尔对以言行事行为的分类

塞尔在奥斯汀对以言行事行为研究的基础上进行重新分类，主要分为阐述类、指令类、承诺类、表达类和宣告类五类。[③]

阐述类以言行事行为表示说话人对某事做出一定程度的表态，对话语所表达的命题内容做出真假判断。它的适从方向是让说话人的话语符合客观现实；说话人的心理状态是确信。

指令类以言行事行为表示说话人不同程度地指使听话人做某事。它的适从方向是让客观现实发生变化，以适应说话人的话语；说话人在心理上的需求是希望或需要。话语的命题内容总是让听话人即将做出某种行动。

承诺类以言行事行为指说话人对未来的行为做出不同程度的承诺。适从方向是让客观现实发生改变，以适应说话人的话语；说话人的心理状态是怀有意图。话语的命题内容是说话人即将做出某一行动。

表达类以言行事行为指说话人在表达命题内容的同时所表达的某种心理状态。它没有适从方向，因为说话人在表达这类行为时既不试图改变客观现实以适从说话人的话语，也不希望话语符

---

① 何自然，冉永平.语用学概论（修订本）.长沙：湖南教育出版社，2002：171.

② 何自然，冉永平.语用学概论（修订本）.长沙：湖南教育出版社，2002：190.

③ 何自然，冉永平.语用学概论（修订本）.长沙：湖南教育出版社，2002：190-191.

合客观现实。不过,实施该行为的前提是话语命题内容的真实性。

宣告类以言行事行为指话语所表达的命题内容与客观现实之间的一致。它的适从方向是让客观现实符合说话人的话语,同时又让话语适应客观现实,它不需要真诚条件。说话人可以通过宣告类行为改变有关事物的状况或条件,因而它不同于其他类型的以言行事行为。但这类行为往往需要考虑一定的语言以外的因素,即合适条件。

塞尔的以上分类较为合理,具有高度的概括性,至今仍为人们广泛接受和应用。[①]

(2)塞尔的间接言语行为理论

在此基础上,塞尔又提出了间接言语行为理论,认为间接言语行为是一种以言行事通过另一种以言行事的表达方式间接地实现的。间接言语行为可分为规约性间接言语行为和非规约性间接言语行为。[②]

所谓规约性间接言语行为,指对"字面用意"作一般性推断而得出的间接言语行为。所谓对字面用意作一般推断,实际上就是根据话语的句法形式,按习惯立即推断出间接的语用用意。而非规约性间接言语行为必须依靠交际双方的共知语言信息和语境信息才能推断出来。[③]

### (二)直接言语行为户外标语与间接言语行为户外标语数量分布

根据上述理论,本书以青岛、济宁、德州三个城市的户外标语为例,对其中使用直接言语行为及间接言语行为的标语进行数据统计,统计结果见表4-1。

---

① 何自然,冉永平.语用学概论(修订本).长沙:湖南教育出版社,2002:191.

② 何自然,冉永平.语用学概论(修订本).长沙:湖南教育出版社,2002:192-193.

③ 何自然,冉永平.语用学概论(修订本).长沙:湖南教育出版社,2002:193.

**表 4-1　直接言语行为户外标语与间接言语行为户外标语数量分布**

| 户外标语分类　城市 | 直接言语行为户外标语（条） | | | | | 间接言语行为户外标语（条） | |
|---|---|---|---|---|---|---|---|
| | 阐述类 | 指令类 | 承诺类 | 表达类 | 宣告类 | 规约性间接言语行为 | 非规约性间接言语行为 |
| 青岛 | 274 | 82 | 29 | 38 | 7 | 0 | 271 |
| 德州 | 174 | 9 | 11 | 14 | 2 | 0 | 132 |
| 济宁 | 211 | 35 | 7 | 25 | 3 | 0 | 108 |
| 合计 | 659 | 126 | 47 | 77 | 12 | 0 | 511 |
| | 921 | | | | | 511 | |

　　通过对表 4-1 所列的三个城市户外标语进行数据分析，可以得出以下几点结论：

　　第一，直接言语行为户外标语占多数，共有 921 条，占三城市标语总数的 64.3%；间接言语行为户外标语有 511 条，占三城市标语总数的 35.7%。

　　第二，在直接言语行为户外标语中，阐述类的最多，共 659 条，占三个城市直接言语行为户外标语总数的 71.6%；其次是指令类的标语，共 126 条，占三个城市直接言语行为户外标语总数的 13.7%；再次是表达类的标语、承诺类的标语，宣告类的标语最少，共 12 条。

　　第三，三个城市都以非规约性间接言语行为为主，没有出现规约性间接言语行为。这反映了不同城市都着力突出户外标语构思编排中所蕴含的语用用意，即需要接受者根据所处的不同语境，经过推断才能辨清，而对凭借字面用意就可以做出一般推断的规约性间接言语行为不予选择。

### (三)直接言语行为户外标语的语言结构特点

不同种类的直接言语行为户外标语具有各自的语言结构特色,以下按照表3中所列出的户外标语数量分布多少的顺序举例说明。

1. 阐述类直接言语行为户外标语

阐述类直接言语行为户外标语是对某事做出一定程度的表态,即用确信的心理状态来反映客观现实,在句子结构上以对句形式居多,例如:

①巩固国家卫生城市成果 建设宜居幸福青岛(青岛)

②保护环境卫生 共建美好家园(青岛)

③文明赢得尊重 诚信更加可贵(青岛)

④创造优美环境,营造优良秩序(济宁)

⑤构建和谐美丽济宁 创建全国文明城市(济宁)

⑥平安出行记心间 文明礼让我当先(德州)

⑦你我多一秒等待 家人少一分担心(德州)

阐述类直接言语行为户外标语给人的感觉直白、清楚,接受者不需更多思考,仅从字面意义就知晓发布主体的意图。

2. 指令类直接言语行为户外标语

指令类直接言语行为包括祈求型、禁止型、命令型等,[①]该类户外标语重在指使听话人做某事,因此"命令"色彩明显,体现在标语中的明显标志是使用"请、请勿、禁止、严禁"等词。以下举例说明。

⑧注意安全 请勿攀爬(德州)

⑨附近有燃气管道 请注意保护(德州)

---

① 陈新仁.社会用语的语用心理分析.广州:暨南大学出版社,2013:128.

⑩请保管好您的贵重物品(青岛)

⑪危险！请勿靠近(济宁)

⑫停车场入口　禁止车辆驶入(青岛)

⑬全路段　禁止停车　违者拍照(济宁)

⑭消防通道　严禁停放　一切车辆(德州)

上述 7 例各自带有不同程度的语力,即语用力量。[①]带有"请、请勿"等词的祈求型指令类言语行为标语的语力相对较轻,如例⑧～⑪。而带有"严禁、禁止"等词的禁止型指令类言语行为标语的语力显得重一些,接受者没有更多的选择余地,例⑫～⑭。

3. 表达类直接言语行为户外标语

表达类直接言语行为户外标语重在表达某种心理状态,在户外标语中的明显标志是带有"欢迎、谢谢、贺、恭祝、庆祝"等词,例如:

⑮湖光山色水上划船欢迎您(青岛)

⑯栈桥海水浴场欢迎您(青岛)

⑰车辆已满　谢谢合作(济宁)

⑱贺美的 ECO 节能变频空调销量突破 1200 万套(德州)

⑲又一村公司恭祝州城人民新春快乐(德州)

⑳热烈庆祝齐商银行成立十八周年(济宁)

这些标志性的词语不带有命令色彩,也不与客观现实相适从,仅着重体现标语发布主体的心理状态。

4. 承诺类直接言语行为户外标语

承诺类直接言语行为户外标语重在对未来的行为作出承诺,在标语中的明显标志是使用"保证、送"等词,显示出发布主体的主观意图。例如:

---

① 何瑜群. 交通宣传用语调查研究. 广西师范大学,2014:40.

㉑我保证买贵十倍返差！（济宁）

㉒五万 买房 送装修（德州）

㉓你换移动 4G 我送话费流量（青岛）

㉔买花园洋房送 50 m² 阳光房（青岛）

㉕选青少年防控镜送镜架（济宁）

上述例子中，例㉑的承诺特点体现在"保证"一词上，例㉒～㉕的承诺特点体现在"送"字上，体现出一种更强的语力。从所收集的语料看，带有"送"字的承诺类直接言语行为户外标语较多。

5. 宣告类直接言语行为户外标语

宣告类直接言语行为是指说话人通过宣告类行为改变有关事物的状况或条件，在标语中的明显标志是句末用了"啦"或是"了"，有的还再加上感叹号收尾。例如：

㉖第八届心理健康教育节开幕啦！（青岛）

㉗2016 年青岛啤酒街开街啦！（青岛）

㉘凹凸暑期招生开始啦（济宁）

㉙新东方暑假班开课了（青岛）

从数量上看，该类直接言语行为户外标语出现次数较少。

### (四)非规约性间接言语行为户外标语的使用策略

通过分析表 4-1，可以看出非规约性间接言语行为户外标语在现有户外标语中占据一定的比例，这表明该类户外标语具有一定吸引力。在实际生活中，该类标语往往借助修辞格及问句等形式，以引起接受者的注意，达到预期的发布目的，以下举例说明。

第一点：辞格式非规约性间接言语行为户外标语

从所收集到的语料看，非规约性间接言语行为户外标语常用的修辞格主要包括以下四种：

1. 双关

双关是利用语音或语义条件,有意使语句同时关顾表面和内里两种意思,言在此而意在彼的辞格,从构成条件看,分为语音双关和语义双关。语音双关指利用音同或音近的条件使词语或句子语义双关,[①]语义双关指利用词语或句子的多义性在特定语境中构成语义双关。[②] 在山东地区不同城市的户外标语中,最常使用的是语音双关,例如:

㉚天天开薪(济南)

㉛码上有钱 扫一扫 人人有奖(烟台)

㉜喜燕花生油 家的港湾 喜燕香伴(济南)

㉝自在人生 随"鑫"所"裕"(济南)

㉞花香西海岸 醉美灵山湾(青岛)

㉟冰爽放价 夏不为利(青岛)

㊱玉缘 玉上你 是我的缘(泰安)

㊲自家阳台 瞰山看未来 首付 7 万 住长城西路"城"熟现房(泰安)

㊳波司登 年终钜献 大惠战(日照)

㊴少一事不如多一室(青岛)

㊵万水千山"粽"是情,特价好礼送不停(菏泽)

㊶十年磨一"贱" 激情 4 小时 万家乐 6.18 全场 4 折起(菏泽)

㊷东方新天地 海洋休闲梦世界,纵情时尚新领地 极度鱼悦(临沂)

㊸来苏宁 抢彩电 抢美的 十天十夜看"视界"大战享美的生活(济宁)

① 黄伯荣,廖序东. 现代汉语(下册). 北京:高等教育出版社,2011:202.

② 黄伯荣,廖序东. 现代汉语(下册). 北京:高等教育出版社,2011:203.

㊹中子星优财　您的投资私享家（青岛）

上述 15 例都是非规约性间接言语行为户外标语，在不同语境下，运用谐音双关，巧妙地将销售对象与人们熟悉的词语结合起来，表面看来其字面用意都是阐述功能，实质却是实施了劝说功能，即说服接受者购买所售货品或是从事某项消费活动。

例㉚用"开薪"谐音"开心"，指该种理财方式让使用者在收获效益的同时，心里也非常高兴；例㉛用"码上"谐音"马上"，意思是消费者用手机扫一扫商品上的码的话，会马上得到实惠；例㉜用"香伴"谐音"相伴"，指的是该类花生油以充满浓香的味道陪伴消费者的一日三餐；例㉝用"随鑫所裕"谐音"随心所欲"，意思是国寿鑫裕保险组合计划将为消费者带来大胆想象中的效益；例㉞用"醉美"谐音"最美"，意思是西海岸经济新区是最美的、能让游客心醉的地方；例㉟用"夏不为利"谐音"下不为例"，意思是该商场这个夏天举行的降价活动，不以赢利为目的，这样的活动以后不会再举行了；例㊱用"玉上"谐音"遇上"，意思是这种玉是与每一位客户有缘分的，应当珍惜，因此应赶紧购买；例㊲用"城熟"谐音"成熟"，意思是这家房地产的房子位于城里的现房，只要购买马上就可以居住；例㊳用"大惠战"谐音"大会战"，意思是年终来临，波司登产品将以优惠价格服务消费者；例㊴用"室"谐音"事"，指该家房地产户型不错，能满足客户多一室的要求，这件事要比自寻烦恼多找其他事去做要强得多；例㊵用"粽"谐音"总"，意思是端午节来临，以粽子表达情谊，虽然隔着万水千山，也能传递过去；例㊶用"贱"谐音"剑"，意思是该家商场的货物打折到了极限，是十年来最低的；例㊷用"鱼悦"谐音"愉悦"，指凡是到这个地方来娱乐的人，都会感到像鱼那样的自由自在和开心快乐；例㊸用"视界"谐音"世界"，意思是本次美的彩电降价风暴已达到能引起世界大战的地步，优惠力度可想而知，这难道还不具有吸引力吗？例㊹用"私享家"谐音"思想家",意思是这种理财是专为消费者着想的、供消费者尽情享用的一种方式。

借助谐音双关,可把本来平平淡淡的商业性标语变得生动有趣,同时又把劝说消费的功能暗含其中,取得了较好的修辞效果。

除了运用语音双关,非规约性间接言语行为户外标语中还用到了语义双关,例如:

㊺吃光盘中餐 不做"剩男剩女"(泰安)

㊻拈花惹草 这里最好(菏泽)

㊼盛世中华 君临富贵 老城中心/主干道/甲级写字楼 官家宝地 有靠山·好风水(菏泽)

㊽呱呱洗车 上门洗车顶呱呱(济南)

上述4例运用了语义双关的修辞格,字面用意也是阐述,但实际的语用用意是劝说,起到了非规约性间接言语行为的效果。例㊺的"剩男剩女",本意是大龄未婚男女青年,这里指的是吃饭不吃干净、有剩菜习惯的年轻人,劝说他们改掉这一不良习惯;例㊻的"拈花惹草",本意是品行不好,感情不专一的人,这里指的是中国牡丹之都菏泽花卉大市场里的花花草草质量的确上乘;例㊼的"靠山",本意指的是在人际关系上有关联的大人物,这里指的是这家房地产开发的房子环境优美,背靠青山,值得选择;例㊽中的"呱呱"本意指店名为呱呱的洗车公司,这里指该家公司上门洗车的服务顶呱呱,堪称一流,不容置疑,达到了较好的广告效果。

2. 拟人

所谓拟人,指的是根据想象把物当作人写或把人当作物写,或把甲物当作乙物来写,可分为拟人和拟物两类。① 在山东地区的非规约性间接言语行为户外标语中,多使用拟人手法。例如:

①　黄伯荣,廖序东. 现代汉语(下册).北京:高等教育出版社,2011:195.

㊾泉城广场旁最会赚钱的房子(济南)

㊿优秀的建筑从不等人(德州)

(51)院子景观实在太美 鸟儿都舍不得飞走(德州)

(52)奇瑞 众泰云 100 我不喝一口油 一口气能跑 160 公里(青岛)

(53)菲亚特 法拉利的弟兄来了(青岛)

(54)小草微微笑 请您绕一绕(青岛)

(55)青青的草 怕您的脚(青岛)

(56)人类一把火 森林满眼泪(青岛)

上述 8 例都用了拟人手法,字面用意是阐述,但语用用意不同。例㊾～(53)是户外商业性标语,其语用用意都是劝说,其中,例㊾、例㊿、例(51)是房地产标语,采用拟人手法劝说人们赶紧购买,因为所宣传的房子一类是收益好、会赚钱(如“例㊾”),一类是非常优秀、众人疯抢型的(如“例㊿”),一类是风景优美到鸟儿都不乐意飞走的(如“例(51)”);例(52)、(53)是汽车标语,例(52)反映出该款奇瑞汽车耗油少性能好的特点,例(53)则把菲亚特汽车称为法拉利汽车的弟兄,同时又借助这种“弟兄”关系,巧妙地宣传了菲亚特汽车的优良特性,在诙谐幽默中劝说人们购买该款汽车;例(54)～(56)是户外非商业性标语,其语用用意是请求,请求人们爱护小草、爱护森林,让小草“微笑”,让森林“满眼泪”的现象消失。

无论语用用意是哪一种,上述 8 例字面与语用所使用的以言行事功能都是不同的,由此构成了非规约性间接言语行为。

3. 比喻

比喻即打比方,通常分为明喻、暗喻、借喻三基本类型,[①]另有缩喻、倒喻、博喻等多种变化形式。[②] 在所收集到的语料中,不同城

---

① 黄伯荣,廖序东. 现代汉语(下册). 北京:高等教育出版社,2011:192.

② 吴芳. 张晓风散文的比喻研究. 扬州大学,2014:17.

市的户外标语多采用缩喻形式。所谓缩喻，即在一个比喻中本体、喻体都出现，但省略比喻词，本体和喻体极其紧密地联系在一起的一种比喻形式。缩喻有两种形式：并列式和偏正式。① 举例如下：

(57)非法集资，火药桶！别碰！（烟台）

(58)惠丰园 发现，一个藏在厨房里的江南（日照）

(59)宏图三胞 您身边的数字生活专家（济宁）

(60)百岁山 饮用天然矿泉水 水中贵族（济宁）

上述4例都是缩喻中的并列式缩喻，本体分别是“非法集资、惠丰园、宏图三胞、百岁山”，喻体分别是“火药桶、厨房里的江南、数字生活专家、水中贵族”，喻词没有出现，这一缩喻形式与户外标语特定的使用语境相关，如果出现喻词反倒显得多余。

从言语行为角度看，上述4例的字面用意都是阐述，而语用用意是劝说，如例(57)是劝说人们不要去做非法集资的事；例(58)是劝说人们到像江南这样优美的惠丰园就餐；例(59)是劝说人们购买宏图三胞的产品；例(60)是劝说人们购买百岁山这种矿泉水。借助非规约性间接言语行为这一形式，这几例均较好地达到了发布主体的目的。

4. 对比

对比是把两种不同事物或者同一事物的两个方面放在一起相互比较的一种辞格。② 在山东地区的非规约性间接言语行为户外标语中，有一些运用了对比辞格，例如：

(61)海峡美容整形医院 韩国很远 海峡很近（济南）

(62)生命只一次 红灯无数次（济南）

(63)“让”获平安 “抢”出祸端（临沂）

---

① 吴芳. 张晓风散文的比喻研究. 扬州大学，2014：20.

② 黄伯荣，廖序东. 现代汉语（下册）. 北京：高等教育出版社，2011：218.

　　⑭宁绕百步远 不抢一步险（烟台）

　　⑮少一串脚印 多一份绿意（德州）

　　⑯治理"脏乱差" 创造"洁净美"（临沂）

　　⑰减盐一小步 健康一大步（临沂）

　　上述 7 例的字面用意都是阐述，语用用意是劝说或是请求。其中，例㉑属于户外商业性标语，其语用用意是劝说。"海峡"指的是一家美容整形医院，众所周知，韩国的整容业发达，吸引了不少来自国内的客户。该家美容整形医院利用地理位置"远近"的比较，劝说人们不必出国，在国内也能找到像"海峡"这样优秀、便捷的医院。例㉒～⑰都是户外非商业性标语，其中，例㉒～⑭是交通安全标语，其语用用意是劝说。例㉒用"生命只有一次"与"红灯有无数次"作对比，例㉓用"让"与"抢"的后果作对比，例⑭用"绕百步"换来的安全与"抢一步"得到的危险进行对比，劝说人们要遵守交通安全，珍惜生命；例⑮是环保类标语，用"少一串"与"多一份"作对比，其语用用意是请求，请人们爱护草地。例⑯、⑰分别是城市形象宣传标语与健康养生标语，其语用用意也是劝说。例⑯用"脏乱差"与"洁净美"作对比，劝人们努力创城；例⑰用"一小步"与"一大步"作对比，劝人们注意控盐，保证身体健康。

　　总体来看，上述四种修辞格在非规约性间接言语行为户外标语中经常使用，通过利用特定语境及接受者的推断力，实现了从字面用意到语用用意的转换。

　　第二点：问句式非规约性间接言语行为户外标语

　　除了辞格式非规约性间接言语行为户外标语，还存在一些问句式非规约性间接言语行为户外标语。该类户外标语的数量不及辞格式非规约性间接言语行为户外标语，其字面用意是提问，语用用意则是其他方面，例如：

　　⑱如此呼吸？大气污染，环境破坏，人类将如何生存？（济南）

⑥踏破青毡可惜 多行数步何妨(济宁)

⑦花草有情 踏之何忍(济宁)

⑦济宁银行 您了解儒商卡的理财功能吗？(济宁)

⑦京投总部广场 没积淀 如何？引领？(济宁)

上述 5 例都采用了问句形式，字面用意是提问，语用用意则是请求或是劝说。例⑥～⑦是户外非商业性标语，其语用用意是请求。例⑥主要针对大气污染的话题，请人们关注环境安全；例⑥、⑦都是请人们爱护花草，不要随意践踏。例⑦、⑦是户外商业性标语，其语用用意是劝说。例⑦劝人们到济宁银行了解一下有关儒商卡的理财功能；例⑦则劝人们到该家房地产公司购房，因为该公司有积淀，能起到引领房地产行业的作用，这一点不容置疑。

运用问句式非规约性间接言语行为，能让人们在疑问中加深对户外标语内容的印象，获得一种特殊的接受效果。

综上所述，从言语行为理论角度对当前山东地区不同城市的户外标语加以分析，可以看出，这些城市的直接言语行为户外标语占多数，其中尤以阐述类的最多。另外，非规约性间接言语行为户外标语也占据较多比例，该类标语往往借助修辞格及问句等形式，以更好地传递其交际意图。

## 二、语言顺应理论视角下的户外标语分析

### (一)语言顺应理论简述

#### 1.语言顺应理论提出及特点

语言顺应理论是由比利时国际语用学会秘书长维索尔伦在 20 世纪 80 年代开始酝酿，并在其 1999 年出版的新著《语用学理

解》中提出的学说。① 该理论以一种新的视角考察语言的使用,为语用学整体理论的构建提供了新的思路。维索尔伦认为,语言的使用过程是语言使用者基于语言内部和外部的原因而在不同的意识水平上不断地进行语言选择的过程,其中包括语言形式和语言策略的选择。语言使用者之所以能够在使用语言的过程中不断地选择,是因为语言具有变异性、商讨型和顺应性三个特征。②

语言的变异性是指语言具有"一系列可供选择的可能性"。语言的商讨性是指在语言使用中,对一系列可供选择的语言项目,不存在符合不符合使用规则的问题,只存在语用原则上适切与否的情况;商讨性包含着其自身的不确定性。语言的顺应性是语言使用过程的核心,让语言交际有了明确的目标,无论语言选择过程怎样进行协商,其目的就是为了最大限度地满足交际的需要,以期达到最佳的交际效果。在这三个特性中,变异性和商讨性是基础,顺应性是核心,也是目的。③

2.语言顺应论的四个研究角度

维索尔伦认为,语言顺应论有四个研究角度,分别是:顺应的语境因素、顺应的语言结构、顺应的动态机制和过程以及顺应过程的意识凸显程度。这四个研究角度在语用研究中虽处于不同层次,却起着互为补充的作用。④

顺应性的语境因素包括语言语境和交际语境,后者主要由物理世界、交际世界、心理世界以及交际双方构成。⑤ 顺应的语言结

① 黄成夫.语言顺应过程的意识突显程度特性及语用研究.西南民族大学学报(人文社科版),2008(8):227.
② 陈新仁.社会用语的语用心理分析.广州:暨南大学出版社,2013:14.
③ 陈新仁.社会用语的语用心理分析.广州:暨南大学出版社,2013:15.
④ 陈新仁.社会用语的语用心理分析.广州:暨南大学出版社,2013:15.
⑤ 陈新仁.社会用语的语用心理分析.广州:暨南大学出版社,2013:24.

构指语言结构和结构构成原则的选择,包括语言、语体、语码的选择,交际类型、语篇类型和言语行为的选择等。顺应的动态机制和过程是语言顺应理论的核心,所有的语言使用都发生在具体的动态过程中。顺应过程的意识突显程度指的是和认知机制相联系的顺应过程的状态。①

　　基于上述理论,结合所收集到的户外标语语料,本书主要探讨语境因素的顺应,具体包括对语言语境的顺应及对交际语境的顺应两部分内容。

### (二)户外标语对语言语境的顺应

　　语言语境主要指语言符号系统内的上下文。语言语境对于语言选择的影响是多方面的,如衔接手段的选择、话语的序列安排等。② 山东地区不同城市的户外标语对语言语境的选择方式主要包括以下几种方式。

#### 1.借助歌词、电影名称

　　歌词融入户外标语能加深接受者对标语的印象,并且借助歌词的含义能够有效地突出发布内容。例如"东风风神 你有 我有全都有! 前所未有!!（青岛)",该句标语借用电视连续剧《水浒传》的主题曲《好汉歌》中的歌词"你有我有全都有",突出东风风神这款车的性能之好、服务之全,顺应了购买车辆时所设置的这一语言语境;另外一例"一江春水向东流 热情服务春满楼(济南)",该条标语的上半句借用了我国 20 世纪 40 年代的一部电影《一江春水向东流》,突出里面的"春"字,展现该家饭店的服务态度之好。

---

① 陈新仁.社会用语的语用心理分析.广州:暨南大学出版社,2013:16.
② 陈新仁.社会用语的语用心理分析.广州:暨南大学出版社,2013:24.

### 2.借助倒装句式

在竞争激烈的市场环境下,使用一些倒装句式也是对语言语境的一种顺应。例如济南的房地产户外标语"你懂的! 5 万 $m^2$ 24 小时不断线活力街区""不解释! 花园路 11 万 $m^2$ 购物中心""有面子! 147 $m^2$ 超五星甲级封面写字楼"等几句采用倒装句式,将所要突出的内容"你懂得、不解释、有面子"置于前面,显得很有气势,给人一种震撼感,显示出房地产销售商对语言语境的顺应。

### 3.借助古诗

一些户外标语从古诗中寻求语言语境的顺应方式,取得了较好的效果,例如"春风又绿中国梦(威海)""粽礼寻'家'千百度'具'惠端午万家亲(泰安)"等。从语用学角度看,威海的这条户外标语把中国梦与王安石的名句"春风又绿江南岸"结合起来,一个"绿"字为中国梦的实现带来了无限生机与希望;而在泰安的这条户外标语内容中,发布主体巧妙地把所销售的货物"家具"与端午节吃粽子这一习俗及宋代大词人辛弃疾的名句"众里寻他千百度"结合起来,换成了"粽礼寻'家'千百度",这种语言语境的顺应营造了一种别样的节庆氛围。

### (三)户外标语对交际语境的顺应

交际语境的顺应包括物理世界、社交世界、接受者心理等构成。[①] 从所收集到的语料看,不少户外标语都很好地实现了对交际语境的顺应。

### 1.对物理世界的顺应

语言顺应中的物理世界主要指时间和空间的指称关系。就时

---

① 陈新仁.社会用语的语用心理分析.广州:暨南大学出版社,2013:24.

间而言,它包括事件的时间、说话的时间和指称的时间;就空间而言,它不仅指绝对空间概念,还包括交际双方在物质世界中的位置以及彼此之间的相对空间距离。[①] 对户外标语而言,说话人即发布主体,听话人即接受者,标语所在的地方即"会话"的场所。

在济南等十个城市的户外标语中,存在大量有关"中国梦、讲文明树新风、社会主义核心价值观"等标语,例如"扬帆 中国梦(青岛)""中国梦 牛精神(临沂)""讲文明树新风 公益广告 中国精神 中国形象 中国文化 中国表达 我的梦中国梦(济南)""社会主义核心价值观 富强 民主 文明 和谐 自由 平等 公正 法治 爱国 敬业 诚信 友善(泰安)"等。这些标语所展示的主题与当前时代形势紧密结合,展示了对这个时代的顺应。

中国梦是中国共产党第十八次全国代表大会召开以来,习近平总书记所提出的重要指导思想和重要执政理念,正式提出于2012 年 11 月 29 日。习总书记把"中国梦"定义为"实现中华民族伟大复兴,是中华民族近代以来最伟大梦想",并且表示这个梦"一定能实现"。[②] "讲文明树新风"公益广告是中国梦与中国传统民间手工艺相结合的一种宣传形式,突出了中国特色,即"中国精神 中国形象 中国文化 中国表达"。社会主义核心价值观是在党的十八大明确提出,用 24 个字简练概括而成。其中,富强、民主、文明、和谐是国家层面的价值目标,自由、平等、公正、法治是社会层面的价值取向,爱国、敬业、诚信、友善是公民个人层面的价值准则,这24 个字是社会主义核心价值观的基本内容。[③]

---

① 陈新仁. 社会用语的语用心理分析. 广州:暨南大学出版社,2013:24.

② 中国共产党新闻网. 中国梦 我们的梦.
　网址:http://theory. people. com. cn/GB/68294/364627/.

③ 人民网. 十八大报告将社会主义核心价值观用 24 字概括.
　网址:http://politics. people. com. cn/n/2012/1112/c1026-19547445. html.

　　由此可见,户外标语对物理世界的顺应能反映出一个时代的典型特色。

　　2. 对社交世界的顺应

　　社交世界是指社交场合、社交环境和文化氛围等。人的社会性从根本上决定了语言使用必须符合社交世界中的交际规范和准则。[①] 户外标语对社交世界的顺应主要体现在对中国千百年来所形成的传统文化、社交规范、尊卑顺序等的适应。举例如下:

　　①展示家国情怀的标语(例:"中国梦 有国才有家(青岛)")。该类户外标语将个人的小家与整个国家做对比,表现出国家利益至上的观点。

　　②宣传勤劳品质(例:"辛勤换来好日子(临沂)""过好日子 惟有勤劳(青岛)")。该类户外标语是对当下一些幻想一夜成名、不劳而获的年轻人的最好劝勉。

　　③孝敬长辈(例:"孝道 中国人的血脉(济南)")。该类户外标语反映了我国所大力倡导的家庭中晚辈对待长辈的传统礼节。

　　④思念家乡的情结(例:"浓浓思乡情 滴滴又一村(德州)""孔府家酒 叫人想家(济宁)")。该类户外标语体现出人们不论走到哪里,都抹不掉对家乡的思恋之情。

　　⑤遵守交际规范。例如"开车不要打电话 做个安静美男子(德州)""文明出行 请您遵守交通信号灯(济南)"等,这些交通安全类户外标语直接写明开车时的行为规范,是对开车驾驶这一特定领域的限制。另外还有环保类标语,例如"小草依依 请您爱惜(烟台)""绿草茵茵 足下留情(泰安)"等,也是对个人行为的一种约束。

　　上述标语所展示的内容不因时代变化而变化,是对社交世界

---

① 陈新仁. 社会用语的语用心理分析. 广州:暨南大学出版社,2013:25.

的适应。

3.对接受者心理的顺应

每一条户外标语的发布,都是基于发布主体的特定目的,尤其是户外商业性标语更是如此,这类标语是以营利为最终目的的,因此格外重视对接受者心理的顺应,主要包括以下三点。

(1)顺应接受者对生活品质多样化追求的动机

经济的快速发展为现代人生活品质的提升创造了更多条件,体现在人们对住宅环境、休闲娱乐、健康养生等诸多方面的重视,而这些在精心制作的户外商业性标语中表现得更为明显。以下举例说明。

在住宅环境方面,不少房地产标语突出了环境独特优美、住宅现代化等特点,与接受者的心理相适应。例如:"为改变而生 蓝湖郡 118 $m^2$ 创新别墅 再一次改变生活(青岛)""回家是一场穿越公园的旅行(威海)""IQ 日照首个智慧住区(日照)""新兴园 自家阳台 瞰山看未来(泰安)"等。这些标语所描绘图景的真实性在这里不展开探讨,但标语中因运用了"改变、创新、穿越公园、旅行、智慧、看未来"等词而格外吸引接受者的眼球。

在休闲娱乐方面,出现了不少宣传美食、旅游、休闲活动等内容的户外标语,让人们在紧张的工作之余,通过休闲娱乐的方式得到放松,丰富生活内涵,提升生活质量。顺应这一心理的标语例如"阳澄湖大闸蟹 纯正醉美味(泰安)""刘公岛,不仅仅是个岛(威海)""游山·看海·逛世园(青岛)""湖光山色水上划船欢迎您(青岛)""天下第一泉 来趵突泉 听泉吧(济南)""寻梦里天堂 迎灵秀沂山(济南)""东方新天地 梦剧场,表演秀,约会美人鱼 激畅嗨翻天(临沂)"等。这些标语适应了当下人们在工作之余寻求一种多样化的生活状态的心理,具有一定的吸引力。

在健康养生方面,不少标语都把"健康、养生"等作为重点加以突出,顺应了接受者随着时代发展而越发强烈的健康养生心理。例如"健康好茶御青茶 一生专心做好茶(济南)""健康好水自己造(济南)""老济南传统名吃 美味 营养 健康(济南)""健康零食好想你枣(济南)""养生堂 天然维生素 C 为天然而生(济南)""格之格·开创健康打印新时代(青岛)""每益添 活性乳酸菌饮料 低糖健康 再来 1 瓶(青岛)""健康神气 还得从好一家开始(青岛)""少吃油和盐 健康又省钱(济宁)""日行一万步 吃动两平衡 健康一辈子(济宁)"等。这些标语分别从"好茶、好水、名吃、零食、饮料、打印机"等不同角度强调了健康、养生的理念,从一个侧面看出当前接受者对于提升生活品质的主观要求。

(2)顺应接受者对获得相应经济收益的愿望

使客户在正当交易中获得适当或者超出想象的经济收益,这一宣传目的主要存在于户外商业性标语中,这样的标语与接受者希望得到一定的经济回馈及优惠等的心理相适应。

通过分析所收集到的语料,我们发现,户外标语中所显示的经济收益途径有多种形式:有的标语把优惠活动内容明确列出,例如"临沂长城驾校 100 万学车红包 限时抢(临沂)""储值卡双重优惠送了再送 充 100 元送 10 元 充 200 元送 30 元(泰安)"等;有的标语中的优惠项目并不明确说明,而是采用"豪礼、约惠、优惠"等模糊词语加以代替,例如"真情惠工友 预存话费送豪礼(威海)""燕喜堂会员日 每月 1 日 11 日、21 日与你约惠(威海)""齐鲁金店新店 天天有惊喜 购物就优惠(济南)"等。

相比这些听起来马上就能得到的优惠,更多房地产户外标语着力突出一种潜在的长期的经济收益,这对接受者而言很具有吸引力,例如"买体彩大乐透 想住这个? 就住这个!(德州)""区府旁银座铺 一间一棵摇钱树(菏泽)""买万达公寓 轻松开酒店 首付 1 万起 轻松做房东(泰安)""城中心发财铺,一铺三代富(菏泽)"

等。不难看出,这些标语都非常注重适应接受者有关经济回馈方面的心理,借此达到销售目的。

(3)顺应接受者丰富的个人情感需要

现实生活中,接受者的个人情感丰富多样,包括爱、同情、关心、尊敬等。户外标语对这些情感的顺应,能适当缩短与接受者之间的距离,获得接受者的欣赏,进而取得良好的语用效果。

不少户外商业性标语充满对孩子的关爱,尽显对接受者的关心。例如"乐高机器人俱乐部 把世界最好的教育带给孩子(泰安)""住上金都房 孩子将来比你强(菏泽)""中达·御园 抢的不是小户型 是孩子的未来(菏泽)""让您的孩子在睡梦中治疗近视(泰安)"等。这些标语所展现出的关爱之情真挚感人,很好地体现了对个人情感的语言顺应。

还有的户外标语把这种关爱的范围扩大到家人,使标语所体现的爱的氛围更加浓厚,例如"环翠楼高丽红参 让您全家更温暖(威海)""圣水神酒 爱的味道 爱老爸 爱老妈 爱老公 爱老婆 中国首款男女分型营养酒(济宁)""崂山矿泉水 好水一百年 好家一辈子(青岛)""紫水晶 爱自己 爱生活 爱家人(泰安)"等。这些标语中所蕴含的对关心家人、祝福家庭等意义都与接受者的个人情感相顺应,比单一的销售货物效果更好。

综上所述,从语言顺应的视角对户外标语进行分析,可以从动态角度分析语言选择时的策略依据,具有一定的现实意义。

# 第五章　山东地区不同城市
# 户外标语异同比较

胡范铸等认为："国家形象的问题，不仅是政治性的、经济性的、传播性的，也是语言性的。"①以此类推，一个城市的形象也与语言相关。

通过对山东地区十个城市户外标语的分析，我们看到，当前不同城市的户外标语存在一些共性，同时，由于各地经济、文化、历史背景及地理环境等的不同，也存在着一定的差异，本章对十个城市户外标语的异同加以分析。

## 一、不同城市户外标语相似点

总体来看，山东地区十个城市的户外标语都着力突出当前国家政治、经济等领域的方针、政策及发展趋向，主要体现在以下几个方面。

### （一）户外标语紧跟国家政策形势

随着我国经济建设速度的加快，我国政府开始高度重视精神文明建设。反映在户外标语领域，展现较多的是"社会主义核心价值观""中国梦"及德育建设、讲文明树新风等思想的宣传，以下分别举例。

---

① 胡范铸，薛笙. 作为修辞问题的国家形象传播. 华东师范大学学报哲学社会科学版，2010(6):35.

1. 宣传社会主义核心价值观

在所收集到的语料中,与此相关的例子主要包括:

①我们的价值观 富强 民主 文明 和谐 自由 平等 公正 法治 爱国 敬业 诚信 友善(烟台)(图 5-1)

**图 5-1**

②社会主义核心价值观 富强 民主 文明 和谐 自由 平等 公正 法治 爱国 敬业 诚信 友善(德州)(图 5-2)

**图 5-2**

③社会主义核心价值观 我学习我践行 富强 民主 文明 和谐 自由 平等 公正 法治 爱国 敬业 诚信 友善(威海)(图 5-3)

图 5-3

④我们的价值观 家和万事兴 富强 民主 文明 和谐 自由 平等
公正 法治 爱国 敬业 诚信 友善（日照）（图 5-4）

图 5-4

⑤践行社会主义核心价值观 做文明有礼济南人（济南）（图 5-5）

图 5-5

⑥践行社会主义核心价值观 做文明有礼泰安人（泰安）（图5-6）

图5-6

上述6例中，有的标语相似度较高，如例①～例④四则标语，把社会主义核心价值观的具体内容也一同展示出来，而例⑤、例⑥两个标语则将"济南人"与"泰安人"分别融入标语的下句，使标语呈现出地方特色。

2. 宣传中国梦

在所收集到的语料中，十个城市与此相关的标语例子主要包括：

⑦激发道德力量 成就你我中国梦（济南）

⑧扬帆 中国梦（青岛）

⑨中华圆梦 万马奔腾（烟台）

⑩中国梦是民族的梦 也是每个中国人的梦（济宁）

⑪中国梦 中国喜（临沂）

⑫中国梦 好日子（德州）

⑬实现中华民族伟大复兴中国梦（威海）

⑭中国梦 我的梦（泰安）

⑮百姓共舞中国梦 中华民族跃龙门（日照）

⑯汇聚正能量 共筑中国梦（菏泽）

上述10例标语都包含着"中国梦"，通过不同的文字组合将个人梦想与民族梦想、国家梦想结合起来,催人争分夺秒、奋起直追、直至实现梦想。

3. 宣传德育建设

在所收集到的语料中,十个城市与此相关的标语例子主要包括:

⑰实施"四德工程" 建设和谐首善历下(济南)

⑱树立"四德"新风 弘扬社会正气(临沂)

⑲增强思想道德教育 弘扬中华传统美德(青岛)

⑳遵守公共道德 争当文明市民(烟台)

㉑推进未成年人思想道德建设 创造未成年人健康成长环境(济宁)

㉒道德从点滴做起 文明从细节做起(德州)

㉓道德线上赛跑 斑马线上礼让(威海)

㉔美德驻社区 和谐溢北新(泰安)

㉕加强道德建设 创建文明日照(日照)

㉖参与志愿服务 弘扬中华美德(菏泽)

上述 10 例中,体现出济南、临沂 2 个城市的标语(例⑰、⑱)侧重"四德"建设,即"爱德、诚德、孝德、仁德",其余 8 个城市的户外标语则更多选用"道德""美德"词语,这些标语都反映出当前德育工作在不同城市的开展力度。

4. 宣传讲文明树新风

在所收集到的语料中,十个城市与此相关的标语例子主要包括:

㉗讲文明 树新风 公益广告 道德守礼 文明连着你我他 创城造福千万家(济南)

㉘讲文明 树新风 中国精神 中国形象 中国文化 中国表达 吉祥如意 中国梦(青岛)

㉙讲文明 树新风 公益广告 学雷锋 树新风 讲文明 做好人

（烟台）

　　㉚讲文明 树新风 争做文明市民（济宁）

　　㉛讲文明 树新风 公益广告 文明贵在行动 道德重在修养（临沂）

　　㉜讲文明 树新风 中国精神 中国形象 中国文化 中国表达 中国·向上（德州）

　　㉝讲文明 树新风 文明是城市之魂 美德是立身之本（威海）

　　㉞讲文明 树新风 公益广告 城市是我家 文明靠大家（泰安）

　　㉟讲文明 树新风 中国精神 中国形象 中国文化 中国表达 中国梦 春意浓（日照）

　　㊱讲文明 树新风 中国精神 中国形象 中国文化 中国表达 有国才有家（菏泽）

　　在所收集的户外标语中，我们发现，带有"讲文明 树新风"的标语比例最高，这体现出不同城市在注重经济建设的同时，又高度关注精神文明建设，因为社会发展实践已经证明，精神文明建设是一种不可忽略的软实力。

**（二）户外标语突出房地产业在经济领域的重要地位**

　　户外标语除了宣传国家政策外，还有不少与当前我国经济发展领域有关，其中，最为突出的是房地产业。有关该行业的户外标语在山东地区在十个城市都有不同程度的展现，并且存在着相似点。以下举例说明。

　　㊲首付 10 万 住和平路洋房（济南）

　　㊳首付 1 万 买房过年（德州）

　　㊴千套房源·千万钜惠（青岛）

　　㊵一降到底 婚房来袭 26 万/套（威海）

　　㊶4300 元/$m^2$ 起，可以洋房，何必高层（泰安）

　　㊷交 10000 抵 20000 元 每周 2 套特价房（日照）

㊸山景新品 准现房 载誉加推(烟台)

㊹五月开盘周年庆 湖景洋房上新品(临沂)

㊺精装学区房 无理由退房(济宁)

㊻住上金都房 孩子将来比你强(菏泽)

　　上述 10 例的户外标语虽然所处的地理位置不同,却反映出当下房地产业的一些共性特点,主要体现在:首付不算很高(例㊲、㊳);房源充足并且有优惠价(例㊴~㊷);房子所处位置风景优美(例㊸、㊹);房子是学区房,有绝对优势(例㊺、㊻)等。从这些户外标语可以看出当前房地产业在不同城市经济领域所占据的重要地位。

## (三)户外标语反映人们对身体健康的重视

　　通过对收集到的语料进行分析,我们看到,有关身体健康的标语在济南等十个城市中都数量不等地存在着。分析显示,这十个城市与"健康"相关的户外标语数见表 5-1。

表 5-1　山东地区十个城市与"健康"相关的户外标语数

| 城市<br>标语数 | 济南 | 青岛 | 烟台 | 济宁 | 临沂 | 德州 | 威海 | 泰安 | 日照 | 菏泽 |
|---|---|---|---|---|---|---|---|---|---|---|
| 与"健康"相关的标语数(条) | 27 | 21 | 22 | 11 | 46 | 21 | 21 | 13 | 11 | 4 |
| 合计(条) | 197 | | | | | | | | | |

　　从表 5-1 中可以看出,政府或健康食品的生产商充分认识到身体健康的重要性,并借助户外标语呼吁更多人们关注健康,举例如下:

㊼真爱 就是给她最好的健康(济南)

㊽活性乳酸菌饮料 低糖健康 再来 1 瓶(青岛)

㊾关爱眼睛健康，提高全民素质(烟台)

㊿您的微笑是我们最大的幸福 您的健康是我们最大的收获(济宁)

(51)糖尿病生活馆 对您有特别的健康关怀(临沂)

(52)平衡营养更健康(德州)

(53)传统中医文化 缔造人类健康(威海)

(54)关注食品安全 关爱生命健康(泰安)

(55)从每一个细节，实践健康承诺。(日照)

(56)为了您的孩子健康 请及时接种疫苗(菏泽)

这些例子从不同角度反映出人们对健康的关注，例如：低糖、营养均衡、食品安全等，与国家倡导的“食品安全”理念相一致。

## 二、不同城市户外标语不同点

尽管济南等十个城市的户外标语存在着一些相似之处，但城市之间的户外标语也各具特色，主要表现在以下几个方面。

### (一)户外标语体现出不同城市各自的文化特色

作为有着悠久历史的省会城市，济南市的户外标语着力突出齐鲁文化，其中带有“齐鲁”一词的户外标语就有 11 处，例如“千年齐鲁大地 一个济南中心”“齐鲁风范·海岱情怀”“齐鲁银行 在您身旁”等，显示出齐鲁文化对这个城市的影响之深。

青岛是由一个小渔村发展而来的沿海开放大都市，已经形成了著名的啤酒文化。自 1991 年开始的青岛国际啤酒节正吸引着越来越多国内外游客的目光，由此产生了一系列与“啤酒”相关的标语，例如 2015 年第 25 届青岛国际啤酒节西海岸会场所提出的“海上啤酒节 一样的啤酒节 不一样的啤酒文化”，2016 年第 26 届青岛啤酒节提出的“智慧啤酒节 科技＋欢乐”等主题标语，显示出啤酒文化对青岛的影响力。

济宁市历史文化悠久，是华夏文明、儒家文化、运河文化等文明的重要发祥地之一，特别是该市下辖的孔子诞生地曲阜，更加重了济宁的文化色彩，这种文化印记在户外标语上随处可见，例如"孔孟之乡 运河之都 文化济宁""中国曲阜 弘扬优秀传统文化 共建文明首善之区""走进孔子故里 感悟文化济宁"等。

临沂市是全国著名的革命老区，该地的户外标语则突显出具有浓郁沂蒙情的红色文化，例如"传承红色圣火 共建文明家园""大力弘扬沂蒙精神 培育和践行社会主义核心价值观""温馨沂蒙情 快乐伴您行"等，突出了革命老区的文化特色。

泰安市户外标语展示出来的泰山文化也很有特色，例如"食品安全 诚信泰山""高铁安全 重于泰山""泰山金融 稳如泰山 融通天下"等，让人感受到这些标语如泰山矗立一般的威严与诚信。

德州与济宁这两个城市都是大运河流经城市，从所收集到的户外标语看，围绕大运河所形成的运河文化在德州市表现得更为明显一些，该市带有"运河"词语的户外标语有 19 处，而济宁只有 3 处。例如，德州市与"运河"相关的户外标语有"千年古运河·完美生活家""实力运河 智慧运河 文化运河 生态运河 和谐运河""古运河码头 老工业基地 大物流枢纽 高科技新区""运河古街 美食天堂"等，可见德州对运河文化的重视程度。

日照市户外标语主要展示其港口文化，例如"德润港城 善行日照"这句标语在多处出现，是该市的特色标语。另外，该市在突出港口文化的同时也凸显了"德"与"善"的价值观导向。例如，日照市爱心献血屋的户外标语"热血真情 爱心奉献""爱让生命流淌 一滴血里一个生命 一颗爱里一座天堂""捐我热血 浇灌生命之花 爱心献血屋欢迎您"、日照市友善之墙的户外标语"共建友善之墙 让美丽日照更温暖""如果你需要 请您带走它"，这些都体现出该市所大力倡导的价值导向。

菏泽市以市花牡丹享誉国内外，这里的牡丹品种多、种植面积广，由此延伸出菏泽的牡丹文化，这在菏泽户外标语中也有所展示，例如"文明菏泽精彩有约 牡丹之都魅力无限""拈花惹草 这里最好 中国牡丹之都菏泽花卉大市场"等，都给人留下深刻印象。

由此可见，不同城市的户外标语体现出不同的文化特色。

### (二)户外标语反映出不同城市独特的发展战略

户外标语也反映出不同城市各自的发展战略，举例如下：

省会城市济南着力宣传"打造'四个中心'建设现代泉城"的发展理念，这则标语中反映出的城市发展规划是 2015 年 6 月该市提出的发展总目标，即"打造全国的区域性经济、金融、物流中心和科技创新中心，建设与山东经济文化强省相适应的现代泉城"。①

作为海滨城市，青岛市依托地理优势，大力发展海洋事业，出现了"实施海洋战略 率先蓝色跨越 建设美丽新区""打造海洋文化公路"等户外标语。另外，与城市发展相关的重大民生工程或国家战略也都在户外标语中较好地体现出来。已于 2013 年开始动工的青岛地铁建设正在紧张进行；2014 年 6 月，位于青岛的第 9 个国家级新区——西海岸经济新区正式获批。② 上面两个项目的建设状况都反映在户外标语中。例如突出地铁建设的标语有"宜居青岛西海岸 畅想地铁新梦想""短暂的打扰 永远的便捷""环保地铁 快捷交通 和谐青岛""地铁益万家 顺畅靠大家"等；突出西海岸经济新区的标语有"发展西海岸""相约西海岸 品味海青茶""新区

---

① 中国网·山东. 王文涛提出济南发展总目标 找准定位打造"四个中心".
　　网址：http://sd. china. com. cn/a/2015/shouyexinwentoutiao_0613/241591. html.
② 大众网. 西海岸新区：全国第九个国家级新区.
　　网址：http://paper. dzwww. com/dzrb/content/20141222/Articel08003MT. htm.

发展我受益 我为新区做贡献""新区因你而美丽"等。

新形势下济宁市制定了"五城同创"的发展目标,即"统筹开展全国文明城市、全国绿化模范城市、全国双拥模范城、国家卫生城市、国家环境保护模范城市创建活动",简称"五城同创"活动。①这一目标通过户外标语展示出来,例如"开展五城同创 建设美丽济宁""五城同创我知晓 我参与 我奉献 我快乐"等。

临沂市的户外标语则致力于突出"三引一促",发展"大美新"临沂。其中,"三引一促"即"引资金、引技术、引人才,促进科学发展"。②"大美新"的意思分别是:"大",体现在经济总量和文化实力上;"美",即打造美好的生态环境和社会环境;"新",在于城乡一体、协调发展的新风貌。③展现这一战略的户外标语有"打好'三引一促'硬仗 建设'大美新'临沂""争创文明城市 建设大美临沂""大力实施'三引一促' 推动大开放大招商大发展"等。

### (三)户外标语折射出不同城市的典型词汇

济南是山东省的省会城市,因境内泉水众多,又别称"泉城"。这一特点在户外标语中也有所体现,"泉"也因此成为济南市户外标语中的典型词汇。在济南市的户外标语中与"泉"相关的标语有99处,例如"这里是泉城""森林泉城 魅力济南""住在泉城 热爱泉城 美化泉城 建设泉城""创建国家卫生城市 共建和谐魅力泉城""泉·润古今 城·载文明"等。

作为山东半岛的中心城市、国际著名港口,青岛市户外标语的

---

① 济宁日报.""五城同创"建设美丽济宁.
网址:http://epaper.jn001.comjnrbhtml/2013-04/16/content_1693.htm.
② 临沂市规划局.临沂市规划局关于成立"三引一促"工作领导小组的通知.
网址:http://www.lyguihua.com/html/tzgg/201571411022499.html.
③ 光明经济.凝心聚力共圆"大美新"临沂跨越之梦.
网址:http://economy.gmw.cn/newspaper/2015-05/28/content_106930476.htm.

常用字是"海"。与"海"相关的标语有 85 处,除了 2 句经典的"红瓦绿树 碧海蓝天""没看过海底世界 别说你到过青岛"之外,还有"一座海岛 影响世界""游山·看海·逛世园"等。与之相似的滨海城市还有烟台,带有"海"的标语有 16 处,如"乘船撒网 海边垂钓"等。

### (四)户外标语反映出不同城市特定领域的突出风格

根据宣传内容的不同,城市户外标语有多个领域,交通安全宣传领域是其中之一,这种类型的户外标语在每个城市都能看到。从所收集的语料看,同样是宣传交通安全,但反映出的风格却稍有不同,以德州与菏泽这 2 个城市的部分交通宣传标语为例加以说明。

在德州市,交通宣传标语的风格更为轻松、诙谐、幽默,营造了一种轻松的氛围,使人们在愉悦之余牢记交通安全注意事项。例如"开车不要打电话 做个安静美男子""行车当中看靓妹 出了事故真惭愧""车上装货莫太多 平安回家乐呵呵""明知开车还劝酒 绝对不是好朋友""为了爱,别开快!"等等。与此不同的是,在菏泽市,交通标语风格更为庄重、严肃,标语内容以正面说理为主,让人对交通安全心生敬畏。例如"开车不喝酒 酒后不开车""生命只有一次 平安伴君一生""心中常亮红绿灯 平安才能伴一生""时时注意安全 处处预防事故""反光镜里留意 方向盘边少分神""系好安全带 生命难伤害"等。

另外,在书写形式方面,威海市户外标语的中英文混杂式数量较多,显示出该市对外来语的容纳程度较高,给人一种鲜明的时代感。例如"青春不散场 Welcome back!""圣诞 Happy 哪里去 直奔城市达人俱乐部""迪沙蝙蝠蛾 健康战斗机 送礼就送战斗机 Oh Yeah!""尚品宅配 order your life"等。

# 第六章　山东地区户外商业性标语
# 与户外非商业性标语比较

本书将户外标语分为户外商业性标语与户外非商业性标语两类。户外商业性标语与经济相关,以营利为目的;户外非商业性标语包括政治性标语、公益性标语及个人性标语,不直接受经济利益驱动。两类标语都是用简短的内容来达到鼓动、宣传等效果,但二者在内容及呈现形式方面存在着一些不同。以下围绕所收集到的山东地区十个城市的户外标语,对两类标语的不同点展开分析。

## 一、户外商业性标语与户外非商业性标语语料数量比较

经过前期调研,共收集山东地区济南、青岛等十个城市的户外标语 5129 条,其中,户外非商业性标语为 2792 条,户外商业性标语为 2337 条,具体统计数字见下表 6-1。

表 6-1　山东地区不同城市收集语料数量、比例及分类情况表

| 数量及比例　城市 | 户外标语总数 | 户外非商业性标语数量及所占比例 | | 户外商业性标语数量所占比例(%) |
|---|---|---|---|---|
| | | 公益性标语数量所占比例(%) | 其他标语数量所占比例(%) | |
| 济南 | 1087 | 598(55) | 11(1) | 478(44) |
| 青岛 | 701 | 434(61.9) | 1(0.1) | 266(37.9) |
| 烟台 | 315 | 175(55.6) | 0(0) | 140(44.4) |
| 济宁 | 389 | 243(62.5) | 0(0) | 146(37.5) |

（续表）

| 数量及 比例 城市 | 户外 标语 总数 | 户外非商业性标语数量 及所占比例 | | 户外商业性 标语数量 所占比例 （%） |
|---|---|---|---|---|
| | | 公益性标语数 量所占比例（%） | 其他标语数量 所占比例（%） | |
| 临沂 | 691 | 351(50.8) | 4(0.6) | 336(48.6) |
| 德州 | 342 | 187(54.7) | 0(0) | 155(45.3) |
| 威海 | 335 | 158(47.2) | 0(0) | 177(52.8) |
| 泰安 | 494 | 197(39.9) | 0(0) | 297(60.1) |
| 日照 | 442 | 268(60.6) | 0(0) | 174(39.4) |
| 菏泽 | 333 | 165(49.5) | 0(0) | 168(50.5) |
| 合计 | 5129 | 2776(54.1) | 16(0.3) | 2337(45.6) |
| | | 2792(54.4) | | |

从表6-1可以看出以下几点：

第一，总体看来，山东地区十个城市之间户外商业性标语与非商业性标语的数量相差不是太大，户外非商业性标语略多一些，共2792条，占标语总数的54.4%，户外商业性标语共2337条，占标语总数的45.6%。

第二，在户外非商业性标语中，公益性标语占绝大多数，共2776条，占户外非商业性标语总数的99.4%，而政治性标语及个人性标语等"其他标语"数量较少，仅有16条，占户外非商业性标语的0.6%。

由于公益性标语在户外非商业性标语中所占的比例极高，因此本文对户外商业性标语与户外非商业性标语之间的比较主要在户外商业性标语与户外公益性标语之间展开。

## 二、户外标语内容比较

### (一)户外商业性标语比户外非商业性标语更注重特殊氛围的营造

由于宣传、鼓动的最终目的不同,与户外非商业性标语相比,户外商业性标语更注重营造不同形式的独特氛围,以此达到吸引人、鼓动人购买的目的。

1. 户外商业性标语更善于创设时间紧迫、数量有限的气氛

在商业领域,时间紧迫、数量有限意味着不抢抓机会购买的话,那有可能就再也买不到了。在户外商业性标语中,时间紧迫、数量有限的气氛通常是借助一些词语来表现,例如:

第一种:带有"最后"的标语

①最后 2 栋 荣耀争藏(德州)

②最后 100 席 首付 9.5 万起(济南)

③房子到期 最后十天 万件衣服清仓 全场 1～3 折(日照)

第二种:带有"仅"的标语

④仅 10 套售完没有(菏泽)

⑤新年伊始 全年仅一次 低价狂潮(德州)

⑥唯此纯洋房 仅 4 席(烟台)

第三种:带有"绝"的标语

⑦抢占绝版旺铺(泰安)

⑧绝版四合院 限量发售(德州)

还有的标语既带有"最后",也带有"绝",进一步加强这一紧迫效果,例如:

⑨最后 17 席 一墅封藏 绝版半山(烟台)

## 2. 户外商业性标语更善于创设风景优美的怡人氛围

户外非商业性标语大都直白易懂,重在宣传引导,如"创建国家卫生城市 全面优化城市发展环境(济南)""清清白白 廉洁奉公(青岛)"等。相比之下,户外商业性标语更注重描绘一种美丽风景,营造优美怡人的氛围。例如:

⑩面朝大海,心情盛开(日照)

该条户外标语化用当代诗人海子的著名诗句"面朝大海 春暖花开",实际是房地产销售的广告语,突出客户选择该家房地产后的愉悦心情,因为房子的背景是美丽的大海,这样的美景到哪里去找呢?

⑪回家是一场穿越公园的旅行(威海)

该条户外标语也与房地产销售有关,把家与公园联系起来。试想,每天回家都如同走在公园里,那应是一种特别美的享受。

⑫发现,一个藏在厨房里的江南(日照)

这是一条有关餐饮的户外标语,把该家餐馆的景致与江南美景相媲美,暗含餐馆的档次之高以及顾客前来就餐时的愉悦心情。

## 3. 户外商业性标语更善于创设浓厚亲情的温馨氛围

在户外非商业性标语中,也有"城市是我家 文明靠大家(日照)"的标语,把城市与家相比,但这种标语所反映出的对家的理解是一种大众化的、很普遍的情感。在户外商业性标语中,这种对"家"及家人、家乡的关切,显然更进一步,例如:

⑬时间都去哪儿了 陪伴你的爱(日照)

这是一则房地产销售标语,该标语套用流行歌曲《时间都去哪儿了》的歌词,营造出一种怀旧氛围,反映出该家房地产公司对亲情的推崇。

⑭浓浓思乡情 滴滴又一村(德州)

该条户外标语中的"又一村"酒出自德州,因为加进了"浓浓、滴滴"等修饰词,使思乡之情更重,酒的质感也似乎近在眼前。

⑮百氏 家的味道(济宁)

该条户外标语把"家的味道"融进了馅饼,很容易唤起顾客的喜爱、亲近之情。

4. 户外商业性标语更善于创设热切期盼客户的氛围

在户外非商业性标语中,不少城市打出了"……欢迎您"的标语,表达一种礼貌与热情,但户外商业性标语却在这种欢迎态度的基础上加进了迫切之情,使欢迎的力度增强,例如:

⑯这里有名校 只为等待你(临沂)

⑰这里有精品洋房 只为等待你(临沂)

⑱第1生活区 因你而来 为你而变(日照)

⑲焕然新我 为你而生(德州)

上述几例都带有"你"字,尤其是例⑯、例⑰,加上了"只为"一词,使这种期待的感情更加强烈。

### (二)户外商业性标语比户外非商业性标语更注重突出优势

户外非商业性标语重在向大众宣传正向的价值观,与市场竞争联系不密切。反之,户外商业性标语由于与经济利益紧密相关,因此在宣传策略上更加注重宣传自身优势,展现绝对的信心,甚至是一种霸气,竭力推销公司产品,应对激烈的市场竞争。体现在语言文字方面,户外商业性标语宣传自身优势的方式主要有以下几种。

1. 运用"更、最、唯、首、全、世界、专家"等词

⑳学大更懂学生(济南)

㉑手机购物上京东 正品低价更轻松(济南)

㉒收益按天返 最受欢迎的养老理财(烟台)

㉓泉城广场旁最会赚钱的房子(济南)

㉔唯此湖山 犒赏人生（青岛）

㉕国企鲁班 实力钜献 德州首个抗震示范项目（德州）

㉖中央商务，全城瞩目（济宁）

㉗怕油烟 用美大 世界首创 浙江名牌（威海）

㉘全场 2.9 折 全世界最低（青岛）

㉙扬子地板 防潮环保专家（日照）

上述 10 例分别用了"更、最、唯、首、全、世界、专家"等词，强化了不同领域发布主体的目的，这些发布目的分别是：例㉚的"这家培训机构有信心提高学生成绩，没有问题"，例㉑的"京东货物都是低价正品，并且购物很便捷"，例㉒的"这种理财方式的受欢迎度最高"，例㉓的"购买这家房地产开发的房子准保获益"，例㉔的"只有这里的房子才能与自己所付出的努力相当"，例㉕的"这家房地产的房子因其领先的抗震性能而值得考虑"，例㉖的"这家房地产以卓越的销售成绩引起了全城人的注意"，例㉗的"这种吸油烟机技术高超"，例㉘的"该商场的货品价格已经低得不能再低了"，例㉙的"扬子地板在防潮环保方面具有绝对竞争力"。

2.选用"……到/找/选/只/来……"等句式

在不同城市的户外商业性标语中，不少都选用"……到/找/选/只/来……"的句式，以此显示商家的技术实力及可信赖度，举例如下：

㉚买大众 到驭达（德州）

㉛买品牌手机到联通营业厅（济宁）

㉜买儿童安全座椅 就找茉茉卡（济南）

㉝装宽带 找联通（德州）

㉞办宽带，选广电（威海）

㉟看男科 还是选新安（烟台）

㊱装房子 买家具 我只来居然之家（泰安）

㊲买建材家具 来隆泰国际(青岛)

上述户外标语的核心语意都偏在末句的商家名称或产品名称上,意思是该家的技术水平高,货品质量值得信赖,这样的优势不容忽视。

3. 明确告知优惠方式及潜在经济收益

为了赢得客户,户外商业性标语还明确告知优惠方式及潜在的经济收益,以凸显其优势,举例如下:

㊳牡丹华庭 五万 买房 送装修(德州)

㊴手机白送 全城关注(济宁)

㊵宝健莱健身买一年送一年火爆进行中(日照)

㊶降价风暴 购车送牌照(日照)

㊷买房子 送就业(日照)

㊸买套好商铺,"赚外快"!稳拿第二份"高工资"(菏泽)

㊹买套好商铺,传家!(菏泽)

㊺城中心发财铺,一铺三代富(菏泽)

㊻买套好商铺,养老!(菏泽)

㊼核心地段 挖金圣地(德州)

上述 10 例,例㊳～㊷这 5 例的优惠方式都突出了"送"这一词语,送的种类多种多样,甚至出现了例㊷中的"送就业",让接受者在惊讶之余也会感到一种诱惑力;例㊸～㊼这 5 例都与潜在的经济收益有关,例如可以赚外快(例㊸)、可以传家(例㊹)、可以使三代人都因买下一个商铺而致富(例㊺)、可以养老(例㊻)、可以视为财富源泉(例㊼)。从这些标语可以看出,不同商家都试图抓住客户心理,从经济利益角度极力宣传自身优势,以求达到预期的销售目的。

## 三、户外标语外在形式比较

除了内容方面的不同，户外商业性标语与户外非商业性标语在形式方面也存在着差异，这主要体现在句式选择及符号、数字使用等方面，以下举例分析。

### （一）句式选择方面

这里所分析的句式，主要指的是长句与短句、整句与散句、口语句与书面语句。

1. 户外非商业性标语多用短句，户外商业性标语多用长句

短句是指词语少、结构简单、形体较短的句子，长句是指词语多、结构复杂、形体较长的句子。[①] 通过对所收集的语料进行分析，可以看出，户外非商业性标语多用短句，户外商业性标语多用长句。之所以出现这样的情形，与户外非商业性标语宣传的信息简短、不需附带其他说明有关，例如：

㊽车辆慢行 注意安全（济南）

㊾争做文明使者 构建和谐社会（济南）

㊿廉政聚人 清身服人（青岛）

(51)奔梦加油！（青岛）

(52)足下留情 春意更浓（威海）

(53)人人热爱体育 全民健身强体（泰安）

(54)做别人的榜样（泰安）

上述 7 例都是户外非商业性标语，发布主体只需把要传达的信息发布出来就可以，不需更多解释。而户外商业性标语所需说明的内容较多，例如：

① 黄伯荣，廖序东．现代汉语（下册）．北京：高等教育出版社，2011：183-184．

(55)领秀石臼 收藏一座城市醉美海岸 交 10000 抵 20000 元 每周 2 套特价房(日照)

(56)那些年 你错过了什么 低价房? 开网店? 大牛市 现在,别再错过借贷宝 一起轻松玩出钱! 让你人脉变钱脉! 跟上! (日照)

(57)吉利博瑞 中国品牌高端轿车领跑者 美·中国车 世界名牌供应商 沃尔沃技术支持(济南)

(58)你换移动 4G 我送话费流量 一个汉堡只有一个口味 移动 4G 买一样得三样 手机、话费和流量 中国移动(青岛)

上述 4 例都是户外商业性标语,都是从多个角度加以宣扬,以便让客户了解更多信息。例(55)是房地产广告标语,介绍地理位置优势(醉美海岸),也介绍优惠条件(交 10000 抵 20000 元,每周 2 套特价房)等信息;例(56)是有关借贷宝的标语,通过回忆的手法,引出当前借贷宝的优势,可以"轻松玩出钱";例(57)是吉利轿车的标语,用了"领跑者、美、沃尔沃技术支持"等加以说明该车值得购买的优点;例(58)是移动公司的标语,与"一个汉堡只有一个口味"做对比,引出购买移动 4G 可以获得的三重优惠。

反之,如果户外商业性标语也用短句来描述,那就不能向客户传递更多信息,对于商家而言,标语的实用性将大幅降低。

2. 户外非商业性标语多用整句,户外商业性标语多用散句

整句是指由长度和结构相近的若干句子组成的言语单位,散句是指由长短不齐、结构相异的若干句子组成的言语单位。整句因其整齐的特点,容易给人留下鲜明、深刻的印象。散句因其结构多样,往往给人以自然、灵动、富有生气之感。① 户外标语因其总体特点简短,因而在研究语料时,重在分析"句子结构的相近与相异"。通过分析所收集到的语料,可以看出,户外非商业性标语多

① 黄伯荣,廖序东. 现代汉语(下册). 北京:高等教育出版社,2011:185.

用整句,户外商业性标语多用散句。举例如下。

㊾祖国和谐　家家安宁(菏泽)

⑩争创省级文明城市　建设富强美丽牡丹区(菏泽)

⑪预防山林火患　保护电力设施(威海)

⑫预防山林火患　保护电力设施(临沂)

⑬文明校园　禁止张贴(泰安)

上述例子表明,户外非商业性标语注重结构统一及语气畅达,这与发布主体多为各级政府部门及相关职能部门有关;户外商业性标语主要由不同商家发布,更加重视语句的灵活搭配,不拘泥于统一的结构,例如:

⑭老北京疙瘩汤　难忘妈妈做的那香喷喷的疙瘩汤,是我永不磨灭的回忆!(临沂)

⑮学会计到恒企　从会计菜鸟到会计高手,手把手更自信!(济宁)

⑯伊利　巧乐兹　多重美味　多重甜蜜　巧乐兹全新巧蔓菲甜蜜上市　喜欢你　没道理(济南)

⑰松下专业级投影机　给!　你要的精彩(青岛)

⑱朋友　离不开　住下来　记忆一起淘气　一起成长　一起变老的友谊　品味老城(德州)

上述 5 例都是户外商业性标语,通过散句形式对所要宣传的对象进行说明,以加深客户的印象。例⑭把该店的疙瘩汤与"妈妈做的疙瘩汤"相比较,增加了亲情色彩;例⑮中"从会计菜鸟到会计高手"的跨越,具有很强的说服力;例⑯的"多重美味与多重甜蜜、喜欢没道理",让客户对巧乐兹雪糕的特点及影响力一目了然;例⑰的"给"字力度大,表达出商家所要达到的目的,即说明该款投影机的性能优良,以此吸引客户;例⑱是一家房地产公司的标语,加进了朋友之情,为所开发的房子注入了情感色彩。

### (二)标点符号及数字使用方面

与户外非商业性标语相比,户外商业性标语较多使用标点符号及数字。标点符号的使用增加了标语的潜在含义,数字的使用使商家的宣传目的更加明显。以下对这两点加以举例分析。

1. 标点符号的使用

户外商业性标语中最常使用的标点符号是感叹号,举例如下:

⑥⑨学厨师,山东新东方烹饪学院最专业!（济南）

⑦⑩买家电就等这一次 超值低价等你来!（临沂）

⑦①云龙港湾 无敌海景一见钟情!（青岛）

⑦②美团外卖 送啥都快!（济南）

⑦③酷派 锋尚 MAX 秒充全金属 一指双系统!（济南）

上面5例,都运用了感叹号,分别替代了不同的语气词。例⑥⑨～⑦②的感叹号都替代了"啊"这一语气词,这4例户外标语表示的意思分别是:您要是学厨师,赶紧到新东方烹饪学院吧,这里的教学水平真专业啊! 赶紧到这家商店买家电吧,这里的家电价格超低,千万不要错过机会啊! 云龙港湾的海景房太美了,初次见面就舍不得离开啊! 从美团网站购买的东西,送达的速度真快啊! 例⑦③的感叹号替代语气词"呢",指的是酷派锋尚 MAX 手机技术高超,居然有两个系统呢!

户外商业性标语除了使用感叹号,也常使用问号,例如:

⑦④卫生间返味 有飞虫怎么办? 快换潜水艇 防臭地漏（日照）

⑦⑤福彩七乐彩1亿元大派奖进行中! 奉献一份爱心,带来中奖希望——今天你买彩票了吗?（日照）

⑦⑥ 今年买铺,明年开业 火车站现铺即将成型,这里是否还有你的一席之地?（菏泽）

⑦⑦如画美景 试问谁不想拥有?（泰安）

　　上述 4 例户外商业性标语都用到了问号，意义丰富。例⑭的隐含意义是"不用这种地漏产品的话容易引来飞虫，那就有小麻烦了"；例⑮的隐含意义是"今天赶紧买彩票吧，可不要忘记啊"；例⑯的隐含意义是"赶紧到这里买房吧，来晚的话就可能买不到了"；例⑰的隐含意义是"难道这里的美景还没打动你吗？那样的话简直是不可思议了"。

　　另外，也有部分户外商业性标语使用了省略号，例如：

　　⑱卓郡 惊艳西海岸核心区 2015 惟此可待……（青岛）

　　⑲妈妈，我要吃京御牛肉 别忘了还有京御的老北京家乡肠呦……（济南）

　　⑳全球 VIP 贵宾卡申领中……（临沂）

　　㉑爺茶 不只是茶……（泰安）

　　上述 4 例户外商业性标语都用到了省略号，读来意犹未尽。例⑱含有"这里的房子值得期待，应抓紧购买"之意；例⑲含有"哎哟，这种品牌的产品太好吃了，一定要记得品尝，如果忘记的话说不定会后悔的"之意；例⑳含有"这一活动正在进行，赶紧行动吧"之意；例㉑含有"这种茶还含有其他的内容，那又是什么呢？赶紧进来品尝一下吧"之意。

　　**2. 数字使用方面**

　　户外商业性标语以牟利为目的，因此，在该类标语中写上价格或者其他与营销密切相关的数字是一大特色，举例如下。

　　㉒换个发型 100 元搞定（日照）

　　㉓一天不到一块钱 中国移动光纤宽带 嗨翻天（日照）

　　㉔西区洋房 全区封顶 周年庆 300 万抵 3 万 价格冰点来袭（德州）

　　㉕石臼核心区 平价学区房 金马五区即将华丽启幕，现火爆预约中，交一万抵两万！（日照）

　　㊱返乡置业,省钱有礼,特惠购房季 臻品现房 98 折＋20000 元总房款优惠,礼遇归乡游子(菏泽)

　　㊲二环里 千佛山南 改善人居 优惠 5 万 热销全城 购房享 3 重大礼 到访礼 购房礼 老带新礼(济南)

　　㊳别墅销量 一骑绝尘 7288 元/m² 起 别墅抢购中(青岛)

　　㊴天悦府 3 元＝3 m² 岁末钜惠 全城疯抢(泰安)

　　㊵刚需价格 豪宅品质 88～145 m² 新品学区房 5 千抵 2 万载誉加推(济宁)

　　㊶青缇湾 40～170 m² 松海美宅 5 万入住(威海)

　　上述 10 例都带有与营销目的直接相关的数字,例㊳是一家理发店的标语,例㊳是移动公司的标语,这 2 例都宣传商家的优惠价格;例㊴～㊶这 8 处都是与房地产有关的标语,可以看出,不同城市的房地产业都注重采用用数字说话的宣传方式,宣传重点主要集中在价格可以抵价、打折、优惠、有大礼(例㊴、㊵、㊱、㊲)、客户认可度高,处于抢购状态中(例㊳、㊴)、属于学区房、便利、风景美(例㊵、㊶)等几个方面。由于户外标语中的数字明确具体,因此这样的宣传对于客户而言具有一定的诱惑力。

　　通过对山东地区不同城市户外商业性标语与户外非商业性标语之间的不同点加以比较,我们看到这两类标语在语料数量、内容、外在形式等方面存在着一些差异。在数量方面,基于所收集到的语料,户外非商业性标语略多一些,其中,公益性标语占多数,而政治性标语及个人性标语数量较少;在内容方面,户外商业性标语比户外非商业性标语更注重特殊氛围的营造、更注重突出优势;在形式方面,户外非商业性标语多用短句、整句,户外商业性标语多用长句、散句,并且较多使用标点符号及数字。上述不同点与两类标语的使用目的不同相关联。

# 第七章　山东地区户外标语存在
# 问题及对策分析

户外标语是语言生活的一个方面,而构建和谐的语言生活又是构建和谐社会的一个重要方面。[①]因此,户外标语的质量高低也关系到整个社会的建设优劣。在对山东地区十城市的户外标语进行实地调查的过程中,我们发现了一些不足,主要体现在内容、形式等方面,本书在分析问题的同时也提出了相应的解决对策。

## 一、山东地区户外标语存在问题

### (一)内容方面的不足

户外标语在内容方面的不足主要体现在词语搭配不当、语义不清、用语不文明等几个方面,具体分析如下:

1. 搭配不当

搭配不当的现象既指词语搭配不当,也指句子搭配不当,例如:

①争强国防观念　强化人防意识(济宁)

②全民参与食品安全城市(济南)

③让我们在一起! 生活可以更"微笑"!(烟台)

上述 3 例中,例①、例②属于动宾搭配不当。例①中的"争强"与"观念"搭配不当,一般用"增强、强化"等词与"观念"搭配;例②

---

① 周建民. 广告语言对语言生活的影响. 江汉大学学报(人文科学版),2007(4):59.

的"参与"与"城市"搭配不当,可改为"参与城市建设";例③属于主谓搭配不当,微笑的主语多是人或是拟人化的具体物品,如"小草微微笑"等,但抽象化的"生活"一般不与"微笑"搭配。

2. 语义不清

语义不清主要指整个标语的意义不明确,主要包括以下四种情况:

第一种语义不清的情况主要是由于词语、句型的选用不当而引起的,例如:

④鱼儿回来吧 鸟儿回来吧 治理污染保护环境 是子孙后代的家园(临沂)

该则标语语义的不明确主要体现在后面两句。把这两句简缩一下,即"治理污染保护环境是家园",这样的语义显然不通顺,可改为"治理污染保护环境,给子孙后代一个美好家园"。

⑤一车一杆 严禁尾随(威海)

该则标语中的"尾随"是动词,意思是"紧跟在后面"[1]。该词在使用中,其主语多指人,这里"尾随"的主语是车,指车辆进出门口时,尽量避免紧跟前面的车辆,以免造成追尾现象。因此,这里的"严禁尾随"最好改为"以防追尾"。

⑥与事故作别 把安全签约(烟台)

该则标语用了"把"字句。所谓"把"字句,指在谓语中心词前头用介词"把"或"将"组成介词短语作状语的一种主谓句,在意义上多数表示对事物加以处置。[2] "把"字句中动词前后常用别的成分,动词一般不能单独出现,但是如果动词是动补型双音节词,就可以单独出现,例如"不要把直线延长"。[3] 本句中的"签约"是动

---

[1]　汉语大字典编纂处. 60000 词现代汉语词典. 成都:四川辞书出版社,2016:901.

[2]　黄伯荣,廖序东. 现代汉语(下册). 北京:高等教育出版社,2011:90.

[3]　黄伯荣,廖序东. 现代汉语(下册). 北京:高等教育出版社,2011:91.

宾型双音节词,不能单独出现,这个"把"字句也因此语义不通顺,可以改为"和安全同行"。

⑦文明从城市做起　泰安因你而美丽(泰安)

该则标语中的"文明从城市做起",城市怎样完成"文明"的任务呢? 由此带来了语义方面的含混不清,可改为"文明城市从我做起"。

⑧打造和美教育品牌　丰润和美教育内涵(威海)

该则标语中的"丰润"是形容词,意思是"肌肉丰满,皮肤滋润"。[①] 但与"丰润"相对的上句中的"打造"是动词,由此,造成了词性不一致的问题,语义也不容易理解,如将"丰润"改为"提升",这样便是词性一致,语义畅通,便于理解。

⑨告别文明陋习　倡导文明新风(济南)

该则标语中的"文明"与"陋习"是两个相对的词语,在本例中却并列出现,前面共用动词"告别",这就显得语义矛盾,产生了"告别文明"与"告别陋习"两重意思,很显然应该是"告别陋习",而不是"告别文明"。如果用"不良"一词替代"文明",这句标语的意思就显而易见了。

⑩贩假货币　人人有责(临沂)

该则标语从字面上可以理解为"贩假货币是每人都有责任去做的一件事",这样的语义与发布主体的初衷一定是背离的。如果该例中的"贩"字改为"反",这样就表述准确了。

第二种语义不清的情况主要与汉语缩略语的使用有关,举例如下:

⑪东方新天地　梦剧场,表演秀,约会美人鱼激畅嗨翻天(临沂)

---

① 汉语大字典编纂处.60000 词现代汉语词典.成都:四川辞书出版社,2016:240.

⑫喜迎外工 现场办卡 购机 装宽带移动真实惠！（威海）

上述 2 例中的"激畅、外工"等缩略词在现代词典中都还没有被收录，表明这样的缩略词还没有被大范围使用，因此出现在标语中不便于接受者理解。

第三种语义不清的情况主要与英文字母的使用不当有关，举例如下：

⑬ZTE 未来不等待（济宁）

⑭青特小镇 6S 洋房 小公摊 大洋房 面积多间房（日照）

⑮三星 Galaxy A-A 时代 不玩不快（泰安）

⑯Hi 智能生活 有种 Hi 放胆来（泰安）

⑰名仕总督府 KTV 娱乐场所 0 元唱 K 全城轰动（菏泽）

上述 5 例中的"ZTE""6S 洋房""A-A 时代""有种 Hi"等都带有英文字母，这样的标语与全部由汉字构成的相比，显得更加时尚、更加开放，只是很多不了解标语创作背景的接受者在理解时不能很好地辨识语义，这与商家的发布目的不一致。

第四种语义不清的情况主要是由于没有断句而造成的语义接受不顺畅，从收集的语料看，该类标语很少，仅有 1 例：

⑱建卫生城市是我们共同心愿创美好生活需你我共同奉献（临沂）

尽管户外标语一般不需要加标点符号，但在应该停顿的地方加上空格是最为常见的一种断句方式。该句在"愿"字后面应断开，如"建卫生城市是我们共同心愿 创美好生活需你我共同奉献"，使语义更加清晰、流畅。

### 3. 用语不文明

在所收集到的户外标语中，绝大多数都与时代节奏一致，传递一种正能量，但也有少数标语用语显得不太文明，例如：

⑲停车放气（临沂）

⑳消防通道 禁止停车 扎胎(济南)

㉑乱放垃圾不是人!(青岛)

㉒零消费抽大奖 全城裸奔 万商惠民(威海)

㉓就是要把"她"搞大(威海)

㉔小鲜肉来袭求包养(青岛)

上述 6 例户外标语用语不文明。其中,例⑲～㉑属于户外非商业性标语中发表个人观点的个人性标语,多以手写体形式出现。这 3 例都表达了发布者对乱停车、乱倒垃圾现象的强烈愤慨之情,但发布者对这一现象的处置方式却显得过于极端,与社会主流价值观相违背。

例㉒～㉔属于户外商业性标语。例㉒是一场五金采购大会的宣传标语的部分内容,用"裸奔"一词,本意是想突出其影响力之深远,可是"裸奔"一词与这样的采购会之间的关联度为零,这种情况下就只有搞笑取乐的效果,与实际购物的氛围不相符,在价值观上也不完全正确;例㉓是一家房地产开发公司设置的标语,实际指的是一类装修策划方案,即"30～50 平方米变形方案,瞬间搞大你的公寓空间",但是体现在户外标语中,却把这一原意与现实中女性因特定原因而使身材发生变化的现象联系起来,尤其是"搞"字,带有一种主观恶意,因此这一标语也有待完善;例㉔是一家房地产公司面向客户开展的活动,标语中的"小鲜肉"实际上是指一些多肉植物,该活动的背景是开发商邀请客户带着家人到现场参加多肉植物栽培活动,活动结束后客户可以把现场栽培的植物带回家,但在标语中并没有说清楚是"多肉植物栽培活动",而直接把当下社会上的流行词汇"小鲜肉、包养"写到标语中,接受者如果不清楚活动背景,是很难把这样的标语与房地产开发活动结合起来。再者,这样的标语也明显违背了和谐社会所提倡的健康的、正面的价值观,因此用于公众场合并不合适。

## （二）形式方面的不足

户外标语形式方面的不足主要体现在有错别字、繁体字的使用、英文翻译不当、汉字顺序排列不当和标语维护不到位等几个方面。

### 1. 标语存在错别字

在所收集到的语料中,本书发现不同城市的户外标语都不同程度地存在错别字现象,举例如下:

㉕公园内禁止牵<u>溜</u>宠物(济宁)

㉖我先让,路宽<u>畅</u> 你先走,是朋友(菏泽)

㉗文明驾车减减速 <u>幽</u>雅风度让让人(日照)

㉘请勿在此大小便 请勿向垃圾桶内<u>到</u>污水(泰安)

㉙经营:床上用品 <u>缨</u>儿用品(济宁)

㉚培育和践行社会主义核心价值观 富强 民主 文明 和谐 自由 平等 公正 法<u>制</u> 爱国 敬业 诚信 友善(青岛)

上述 6 例中都有错别字(划横线字)。例㉕的"溜"应为"遛";例㉖的"畅"应为"敞";例㉗的"幽"应为"优";例㉘的"到"应为"倒";例㉙的"缨"应为"婴";例㉚的"制"应为"治"。

这些错别字中,例㉖的"宽畅"与"宽敞"、例㉗的"幽雅"与"优雅"、例㉚的"法制"与"法治"较难区别。例㉖的"宽畅"有两层意思,一是"舒畅",例如"胸怀宽畅",二是"宽敞";而"宽敞"一词只有一层意思,即"宽阔,面积大"。[①] 这则标语主要是形容路的状况,这两个词都可以使用,但由于"宽畅"一词还有"舒畅"之意,因此该例中的"宽畅"改为"宽敞"更严谨一些。例㉗的"幽雅"指的是幽静而雅致,例如"环境幽雅",而"优雅"一词有两层意思,一是"优美不

---

① 汉语大字典编纂处. 60000 词现代汉语词典. 成都:四川辞书出版社,2016:488.

落俗套",二是"优美,高尚不粗俗"。① 这条户外标语是针对驾车人而言,呼吁这类人要讲究风度,注意礼节,与环境无关,因此该例中的"幽雅"应改为"优雅"。例㉚中的"法制"指的是"统治者按照自己的意志,通过政权机关建立起来的法律制度",是名词;而"法治"既可以是名词,指"先秦时期法家的政治思想,主张以法为准则,统治人民、处理国事",也可以是动词,指"根据法律治理国家和社会"。② 该例是对社会主义核心价值观的宣传,并不是宣传法律制度,即"法制",而是宣传依法治国的思想,因此应改为"法治"。

2. 标语有繁体字

繁体字指已有正式简化字代替的汉字,繁简字体的明确区分,始于 1964 年的《简化字总表》。目前,繁体字的使用仅限于出版用字、书法用字和姓氏用字几个方面,③户外标语不在使用繁体字之列。但从所收集到的语料看,繁体字在不同城市的户外标语中仍然存在,例如:

㉛花冠集团 冠群芳 點(点)滴尽杰作(日照)

㉜舒适就是芝華(华)士 头等舱沙发(泰安)

㉝怡寶(宝)心纯净 行至美(济南)

㉞國(国)·熙·臺(台)阅世界 越中国(济南)

㉟锦绣蘭(兰)亭 约"惠"金秋 蘭(兰)亭"惊喜"享不停(济南)

㊱济南中德骨科医院 中華(华)硬脊梁(济南)

㊲高第街 56 號(号)餐廳(厅) 港式餐廳 香港味道 那么遠(远)這(这)么近(济南)

㊳千年國(国)井 大国典藏(济南)

---

① 汉语大字典编纂处. 60000 词现代汉语词典. 成都:四川辞书出版社,2016:1058-1059.
② 汉语大字典编纂处. 60000 词现代汉语词典. 成都:四川辞书出版社,2016:220.
③ 丁安英. 青岛市商铺店名存在的问题、原因、影响及建议. 语文学刊,2015(4):3.

㊴<u>親</u>(亲)海而座 <u>駕馭</u>(驾驭)<u>財</u>(财)富中心(青岛)

上述 9 例中画横线的汉字均使用了繁体字,这 9 例都是户外商业性标语,从这一点可以看出,户外商业性标语在语言使用的规范性上不及户外非商业性标语,这与户外商业性标语在激烈的市场竞争中更重视以不同方式赢得客户的注意有关。

3. 标语中的英文翻译不当

在所收集到的语料中,有的户外标语加上了英文翻译,但这些翻译存在着一些不当之处,例如:

㊵王力安全门 引领世界门锁业潮流 WONLY SECURITY DOORS(泰安)

㊶夏维怡家纺 美嫁 WENDDING(威海)

上述 2 例中,例㊵对"王力"的英文翻译没有按照汉语人名英译的格式,应为"WANG LI","WONLY"这一译法不得当;例㊶的"美嫁"英文翻译应为"WEDDING",而不是"WENDDING",译文不当甚或有误。

4. 标语中汉字排列不当

户外标语的展现形式以语言通畅为基本要求,因此,应按照标语中字词的语义结合情况加以排列,以避免语句不通的现象发生。从所收集到的语料看,有几处标语出现了这种汉字排列不当的现象,例如:

㊷禁止一切车辆停　放违者抓拍受罚(济宁)

㊸前方路口 50 米 内禁止停车违 者电子抓拍(临沂)

上述 2 例都是忽视了字词的排列顺序。例㊷把"停放"一词拆开了,以至于语句不通,应改为"禁止一切车辆停放 违者抓拍受罚";例㊸的本意是"前方路口 50 米内 禁止停车 违者电子抓拍",但也由于排列不合适导致了接受效果不佳。可见,书写户外标语时字词的有序呈现是很重要的。

5.标语维护不到位

户外标语都是由不同发布主体制作并予以公开展示的,但有时因为维护不到位的原因,致使已经发布的户外标语出现了遮挡、损坏等现象,这样既影响了市容,又不利于实现户外标语的发布效果。以下几例都是由于这种原因而导致了语句不通顺的结果,例如:

㊹经济发展不□□ 安居乐业不□□(烟台)

㊺手拉手创建卫生□□ 心连心打造文明□□(烟台)

㊻搞好管护□□ 共创美好家园(济南)

㊼与文明牵手 和卫生□□(济南)

(注:□代表该字缺失)

上述 4 例中□代表该字缺失,存在这样状况的户外标语呈现出来的内容是不完整的,影响了其对公众宣传、引导的效果,也造成了语言污染。

## 二、针对户外标语存在问题所提出的对策

户外标语中存在的不足折射出当前语言文字使用存在的诸多问题,因此,从不同角度对户外标语的使用提出相应对策有助于解决问题、提高语言文字使用的质量、营造一个和谐的语言世界。具体对策包括以下几点:

### (一)加强对语言文字功能的宣传力度

首先,户外标语作为语言文字的一种形式,代表着发布主体的形象,从中可以看出不同发布主体的价值观取向、行为准则、销售理念等。其次,户外标语与城市形象息息相关,它是城市的"立体名片",从某种意义上讲,体现着一个地区、一个城市全民素质的高低。由此,每一条户外标语,与其他的语言文字形式一样,都可以

是不同城市的"形象大使"。① 再次,户外标语还担负着宣传汉语的功能。汉语是世界上使用人数最多的一门语言,户外标语在宣传汉语的同时,同时也宣传了中国形象,反映着一个国家一个民族文明程度的高低。

因此,在新媒体时代,通过电视、报纸、网络等多种形式加强对语言文字功能的宣传力度,有助于引起更多人的关注,使人们重视户外标语这一语言文字使用形式。

### (二)加强学校语言文字规范意识的教育

学校担负着传承优秀文化、传播人类文明等重任,在此过程中,应高度重视加强语言文字规范使用意识的工作,尤其是从事语文教学的各级教师更应明确这一任务的重要性。教师从传授基础的语音、词汇、语法等知识入手,让学生掌握正确的现代汉语知识,强化语言规范意识,并充分认识到语言规范是语言得以健康、纯洁发展的基本保证。这要求人们使用语言时必须符合语言的基本规则,在语音、词汇、语法等方面都不要超出规范、违反规范;② 对现实世界中违反语音规律、生造词语、滥用词语、不顾语法规则乱造句子的现象学会加以区分,共同维护语言生态环境的纯洁、健康。

除了语文教学,其他学科的教师也应负起强化语言文字规范意识的任务,充分利用学校的育人氛围,培养学生的语言文字规范化意识,这样才能让学生在踏入社会之后,成为一个积极倡导语言规范的使用主体。

### (三)开展有关语言文字规范使用方面的活动

当前,我国已加强对语言文字规范使用的宣传力度,例如中央

①　王玉. 漫谈规范语言文字与提高城市形象. 咸宁学院学报,2009(5):77.
②　冯广艺. 生态文明建设中的语言生态问题. 贵州社会科学,2008(4):7.

电视台举办的"中国汉字拼写大会""中国成语大会"等活动,通过这些活动,媒体达到了宣传汉语、宣传中国文化的目的,使更多人加入语言规范使用的行列中。

语言使用有多种形式,除了户外标语,还有商铺店名、街道名称、商标名称等,这些语言文字都能从不同角度反映我国的经济、政治、文化等特色,因此有条件的话,相关部门可据此展开相应的活动,以便让更多人意识到维护语言健康发展的重要性,为构建一个和谐的语言生态环境而共同努力。

### (四)完善有关户外标语使用的制度

围绕户外标语在使用中出现的问题,相关职能部门应及时完善制度,以创设一个文明、健康的语言氛围。

例如针对一些房地产广告商制定的有关子女入学、经济收益、交通便捷等标语,国家工商行政管理总局于 2015 年 12 月 24 日公布了第 80 号令《房地产广告发布规定》,要求"房地产广告必须真实、合法、科学、准确,不得欺骗、误导消费者"。规定中明确"房地产广告中不得含有广告主能够为入住者办理户口、就业、升学等事项的承诺"。该规定已于 2016 年 2 月 1 日起开始实施。[①]（国家工商行政管理总局,2015）

从这条新规中可以看出当前我国有关行政部门已着手加大对语言文字使用的监管力度。随着时代的发展,围绕户外标语的内容及形式等方面的管理也应逐步加强,这涉及标语中出现的不文明信息,错别字、繁体字的频繁使用,标语排列不当及维护不到位等问题,必要时出台相关法规政策,从更高层面上对这些现象加以监管,以树立更加开放、文明的城市形象、地区形象、国家形象。

---

① 国家工商行政管理总局. 房地产广告发布规定.
　网址:http://www. saic. gov. cnzwgkzyfb/zjlxxzx201512/t20151231_165562. html.

综上所述,山东地区不同城市户外标语在内容及形式方面存在的不足主要体现在:内容方面,主要存在词语搭配不当、语义不清、用语不文明等问题;形式方面,标语存在错别字、繁体字、英文翻译不当、汉字排列不当及维护不到位等问题。鉴于此,本书提出了加强对语言文字功能的宣传力度、加强学校语言文字规范意识的教育、开展有关语言文字规范使用方面的活动、完善有关语言文字规范使用的制度等建议。这些建议有助于不断提高户外标语的质量,使我国的语言生活更加健康、和谐。

# 第八章　结　语

　　户外标语作为社会用语的一种形式,处于一种不断变化、发展的过程中,反映着社会的经济、政治、文化等诸多方面的内容。本书围绕山东地区十城市的户外标语展开分析,有助于反映不同城市现阶段的语言风貌,促进语言科学的发展,具有积极的现实意义。

　　呈现方式方面。户外标语常见的呈现方式是标语牌、实物承载、横幅、电子显示屏、招贴、宣传栏等,其他形式有雕刻、门型结构、裸字、板报、手写及与人相关的形式等。

　　语言特点方面。第一,语音方面的特点:从音节使用上看,山东地区户外标语核心句使用最多的前 5 位音节数量分别是 8 音节、12 音节、10 音节、16 音节、14 音节;从押韵角度看,山东地区户外标语主要对句中的末字押韵;在平仄变化方面,99％的户外标语都具有平仄变化现象。第二,词汇方面的特点:运用缩略语及词语替代等词语简省形式;在语体色彩上具有书面语色彩与口语色彩兼有的双重性特点。第三,语法方面的特点:在句子结构方面,复句的使用明显多于单句;在句类方面,陈述式标语使用最多,其次是感叹式、祈使式标语,最后是疑问式标语。

　　语用特点方面,本书主要从言语行为理论和语言顺应理论入手,对山东地区户外标语的语用特点加以分析。从言语行为理论角度分析户外标语,可以看出直接言语行为户外标语多于间接言语行为户外标语;在直接言语行为户外标语中,又以阐述类直接言语行为居多,其次是指令类,再次是表达类和承诺类,宣告类的最少;在间接言语行为户外标语中,没有出现规约性间接言语行为;非规约性间接言语行为户外标语在当前占据一定的比例,该类标语往往借助修辞格及问句等形式达到预期的发布目的。在辞格式非规约性间接言语行为户外标语中,常用的修辞格是双关、拟人、比喻、对比。从语言顺应理论分析户外标语,本书主要探讨了语境因素的顺应,包括对语言语境的顺应及对交际语境的顺应,其中以对交际语境的顺应为主,主要涉及对物理世界的顺应、对社交世界的顺应、对接受者心理的顺应三个方面的内容。

在山东省不同地区户外标语异同比较方面,本书对济南等十个城市的户外标语进行比较,以不同点的比较为主,分别从文化特色、独特的发展战略、典型词汇、特定领域的突出风格等加以分析。

在对山东地区户外商业性标语与户外非商业性标语比较方面,本书主要对标语内容和标语外在形式两大方面加以比较。在标语内容方面,户外商业性标语更注重营造独特氛围、突出优势。在标语外在形式方面,户外商业性标语多用长句、多使用符号及数字,户外非商业性标语多用短句,不常使用符号及数字。

在山东地区户外标语存在问题及对策分析方面,我们首先从内容方面及形式方面对山东地区户外标语存在的问题加以分析。户外标语在内容方面的不足主要体现在词语搭配不当、语义不清、用语不文明等几个方面;在形式方面的不足主要体现在错别字的使用、繁体字的使用、英文翻译不当、标语顺序排列不当、标语维护不到位等几个方面。最后对这些问题提出建议对策,主要包括加强对语言文字功能的宣传力度、加强学校语言文字规范化工作、开展有关语言文字使用方面的活动、完善有关户外标语使用方面的制度等内容。

# 参考文献

［1］陈新仁.社会用语的语用心理分析.广州:暨南大学出版社, 2013.

［2］代颖颖.汉语数字吉祥语研究.扬州:扬州大学,2011.

［3］丁安英.青岛市商铺店名存在的问题、原因、影响及建议.语文 学刊,2015(4).

［4］冯广艺.生态文明建设中的语言生态问题.贵州社会科学, 2008(4).

［5］胡范铸.中国户外标语口号研究的问题、目标与方法.修辞学 习,2004(6).

［6］胡范铸,薛笙.作为修辞问题的国家形象传播.华东师范大学 学报哲学社会科学版,2010(6).

［7］黄伯荣,廖序东.现代汉语(上册,增订五版).北京:高等教育 出版社,2011.

［8］黄伯荣,廖序东.现代汉语(下册,增订五版).北京:高等教育 出版社,2011.

［9］黄成夫.语言顺应过程的意识突显程度特性及语用研究.西南 民族大学学报(人文社科版),2008(8).

［10］何自然,冉永平.语用学概论(修订本).长沙:湖南教育出版 社,2002.

［11］何瑜群.交通宣传用语调查研究.桂林:广西师范大学,2014.

［12］汉语大字典编纂处.60000词现代汉语词典.成都:四川辞书 出版社,2016.

［13］屈志凌.标语口号的修辞研究.长沙：湖南师范大学,2007.

［14］屠海波.汉语标语研究.哈尔滨：黑龙江大学,2007.

［15］吴杨辰子.沈阳市区户外标语可接受度状况调查分析.沈阳：沈阳师范大学,2013.

［16］吴芳.张晓风散文的比喻研究.扬州：扬州大学,2014.

［17］王玉.漫谈规范语言文字与提高城市形象.咸宁学院学报,2009(5).

［18］中国社会科学院语言研究所词典编辑室编.现代汉语词典(第7版).北京：商务印书馆,2016.

［19］张金茹.生态环保标语研究.哈尔滨：哈尔滨师范大学,2013.

［20］张萍.现代汉语标语语法研究.南京：南京师范大学,2006.

［21］周建民.广告语言对语言生活的影响.江汉大学学报(人文科学版),2007(4).

［22］大众网.西海岸新区：全国第九个国家级新区.(2015-12-22)[引用日期]http：//paper.dzwww.com/dzrb/content/20141222/Articel08003MT.htm.

［23］光明经济.凝心聚力共圆"大美新"临沂跨越之梦.(2015-05-28)[引用时间]http：//economy.gmw.cn/newspaper/2015-05/28/content_106930476.htm.

［24］国家工商行政管理总局.房地产广告发布规定.(2015-12-24)[引用时间]http：//www.saic.gov.cnzwgkzyfb/zjlxxzx201512/t20151231_165562.html.

［25］济宁日报."五城同创"建设美丽济宁.(2013-04-16)[引用时间]http：//epaper.jn001.comjnrbhtml/2013-04/16/content_1693.htm.

［26］临沂市规划局.临沂市规划局关于成立"三引一促"工作领导小组的通知.(2015-07-14)[引用时间]http：//www.lygui

hua. com/html/tzgg/201571411022499. html.

［27］人民网. 十八大报告将社会主义核心价值观用 24 字概括.
（2012-11-12）［引用］http：//politics. people. com. cn/n/
2012/1112/c1026-19547445. html.

［28］中国共产党新闻网. 中国梦 我们的梦.（2013-04）［引用时间］
http：//theory. people. com. cn/GB/68294/364627/.

［29］中国网·山东. 王文涛提出济南发展总目标 找准定位打造
"四个中心".（2015-06-13）［引用时间］http：//sd. china.
com. cn/a—shouyexinwentoutiao_0613/241591. html.

# 后　记

2015 年 4 月,我主持的课题"山东地区户外标语调查研究"(YB125-159)获国家语委立项。自此,我开始了一段在教学之外围绕户外标语的"修行"过程。而今,这一过程已接近尾声,回顾两年多艰辛的写作历程,不禁感慨万千。

感谢国家语委、山东省语委对这一项目的大力支持;感谢我所在的青岛职业技术学院的学院领导以及科技处、商学院等部门领导、老师的帮助与支持;感谢项目组成员的配合。部分研究成果已在《现代语文》等期刊上发表。

感谢我的老师、曲阜师范大学张论三教授对开题报告中有关扩充调研范围的建议;感谢南京大学博导陈新仁教授在课题撰写初期的点拨。

收集语料期间,青岛职业技术学院学生孙晓娜、王进凯、胡丽娟、杨迪、姜世瑶、于潇淦、冷晟铭、刘晓庆等同学不辞辛苦,利用假期帮助项目组完成语料收集补充工作,对他们的辛勤付出表示感谢。

一并感谢的还有我的家人,尤其是我年迈的父母,他们在我过去两年多的辛苦写作中给予了最大程度的宽容、理解与帮助。

最后,向中国海洋大学出版社的纪丽真编审及其他本书编校人员表示感谢,在成书过程中,他们给予了很多有益的建议,使本书得以顺利出版。这些帮助我都会铭记在心,化为继续前行的动力。

丁安英

2017 年 8 月 10 日